Josef Kohm

Dreißigster Bericht des k.k. Staaatsgymnasiums im III. Bezirk

Wiens

Für das Schuljahr 1898/99

Josef Kohm

Dreißigster Bericht des k.k. Staaatsgymnasiums im III. Bezirk Wiens
Für das Schuljahr 1898/99

ISBN/EAN: 9783743496842

Hergestellt in Europa, USA, Kanada, Australien, Japan

Cover: Foto ©Paul-Georg Meister /pixelio.de

Manufactured and distributed by brebook publishing software
(www.brebook.com)

Josef Kohm

Dreißigster Bericht des k.k. Staaatsgymnasiums im III. Bezirk Wiens

Dreissigster Jahresbericht

des

Staatsgymnasiums

im

III. Bezirke Wiens

für das Schuljahr 1898/99.

Inhalt:

Wien.

Verlag des k. k. Staatsgymnasiums im III. Bezirke.

1899.

Neue Antiphon-Studien.

Von

Dr. Josef Kohm.

Vorliegende Studien über den ersten attischen Redner reihen sich ähnlichen Abhandlungen an, welche ich in der „Zeitschrift für die österr. Gymn." 1884, S. 81 ff., und in den „Wiener Studien" 1886, S. 37 ff. und 1890, S. 159 ff. der Öffentlichkeit übergeben habe. Die wirklichen Reden und die Tetralogien folgen in der durch die Überlieferung gegebenen Reihenfolge aufeinander. Den in Frage kommenden citierten Stellen liegt der von Blass redigierte Text zugrunde (Antiphontis orat. ed. alt. 1881).

Meine Studien gehen hiebei von der Echtheit aller Reden, auch der der Tetralogien, aus, die ich in meinen Untersuchungen „über die Echtheit der Tetralogien des Redners Antiphon" (Prag 1885, Arnau 1886) aus äußeren Indicien, aus dem Inhalte und der Form dieser Reden nachgewiesen zu haben glaube. Denn die sprachlichen Differenzen zwischen den Tetralogien und den wirklichen Reden des Antiphon sind nicht so groß, dass sie die Annahme der Unechtheit der Übungsreden rechtfertigen würden. E. Szanto (arch. epigr. Mitth. aus Österreich-Ungarn 1896, 71 ff.) und Dittenberger (Hermes, 31, 273 fgd.) gegenüber, der neuerdings III β 9, IV β 3, δ 8 die Thatsache gegenüberstellt, dass nach attischem Rechte nicht jede Tödtung verboten gewesen sei, verweise ich auf meine Ausführungen in der oben angegebenen Abhandlung „über die Echtheit der Tetral." II. Th. ·S. 2 ff., Anm. 5 und 6; Blass, Die attische Bereds. III², 2. Abschn. 1898, S. 363 ff.

I. 6 καίτοι αὐτὸ τοῦτο ἐχρῆν, ὃ καὶ ἐγὼ προὐκαλούμην, προθυμηθῆναι, ὅπως τὸ πραχθὲν ᾖ ἀληθές, ἐπεξελθεῖν. μὴ γάρ — so schreiben die Herausgeber, seitdem Bekker die fehlerhafte Überlieferung ἐπεξελθεῖν. μὲν γὰρ corrigiert hat. Nach Reiske hat der mit ὅπως eingeleitete Satz die Bedeutung von ἵνα — γένηται φανερόν, nach Maetzner (Antiph. orat. XV, 1838, S. 132) die von ὅπως ἂν — ᾖ ἀληθές i. e. qualiscumque sit ἡ ἀλήθεια τῶν πραχθέντων, und nach Jernstedt (Antiph. orat. Petersburg 1880) harrt er noch immer auf die nothwendige Verbesserung.

III. Bezirk.   1

Ohne Zweifel ist es unmöglich, ohne diesen Satz zu einem rechten Verständnis der ganzen Periode zu gelangen. Der gewöhnlichen Interpunction gemäß tritt ἐπεξελθεῖν in Abhängigkeit von προθυμηθῆναι. Dieses verbietet aber die Beziehung der Pronomina αὐτὸ τοῦτο, als deren Erklärung jenes Verbum angesehen werden müsste. Denn diese beiden Wörtchen müssen, wie aus dem Contexte der vorangehenden Periode (vergl. παρὰ τῆς βασάνου), dem folgenden Relativsatze ὃ καὶ ἐγὼ προὐκαλούμην und dem gleichartigen, §. 10 wiederkehrenden Gedanken διὰ οὖν ταῦτα ἐγὼ βάσανον τοιαύτην ἠθέλησα ποιήσασθαι deutlich zu ersehen ist, auf die im Eingange des §. 6 ausgesprochene Behauptung zurückgeführt werden (vgl. I, 10 αὐτό μοι τοῦτο). „Wenn etwas, so war es die Folterung, welche die unbedingte Gewissheit (εὖ εἰδέναι, σαφῶς εἰδέναι) von der Unschuld der Angeklagten ergeben konnte." Endlich kann man weder der Angeklagten noch dem Vertheidiger den Willen zu einem ἐπεξελθεῖν zumuthen, nachdem dies einzig und allein Sache des Anklägers ist. Vgl. I 1, 2, 10, 11, 24; II α 1; IV γ 6; V 98; VI 36, 37.

προθυμηθῆναι scheint auf diese Weise dem Sinne der Stelle nicht angemessen zu sein. Sauppe und Schöll (vgl. Neue Jahrb. 103, 305) streichen es auch, außerdem liest der erstere ὅπως τὸ πρ. ἦν καὶ τὸ ἀληθές, der letztere ὅπως τὸ πρ. ἦν ἀληθῶς. Wilamowitz-Möllendorf ist derselben Ansicht und beantragt folgende Schreibung: ὅπως τὸ πραχθὲν ἦν σαφηνές (vgl. Hermes 22, 201 bis 202). Diese Vorschläge ließen sich nach dreifacher Seite hin rechtfertigen. Entweder ist ἐπεξ. eine Erklärung von αὐτὸ τοῦτο, oder dies ist das Object jenes Verbums, oder ein sogenannter Accusativ der Beziehung. Keine dieser Annahmen befriedigt. In dem einen Falle verstoßen wir gegen die Construction des verb. ἐχρῆν, in dem anderen gegen die oben nachgewiesene Bedeutung der Pron. αὐτὸ τοῦτο, in allen aber gegen den Gedanken. Die Gegenüberstellung von dem, was der Vertheidiger gewollt bezw. nicht gewollt (vgl. τοῦτο αὐτὸ προὐθυμήθη — οὐκ ἠθέλησεν) und dem was er hätte wollen sollen (καίτοι αὐτὸ τοῦτο ἐχρῆν ...), ferner die Gegenüberstellung von dem wirklichen Verlangen des Klägers (ὃ καὶ ἐγὼ προὐκαλούμην, vgl. 10, 11) und dem erwarteten seitens des Vertheidigers, alles dies verlangt gebieterisch die Beibehaltung des προθυμηθῆναι. Der Zweck dieses Wunsches aber ist, ὅπως τὸ πραχθὲν ᾖ ἀληθὲς ἐπεξελθεῖν „damit es möglich werde, das Geschehene als wahr zu verfolgen" oder, wie es weiter unten lautet, ἔλεγχον ποιήσασθαι τῶν πεπραγμένων (vgl. 12) und dadurch im Interesse beider Parteien zur Wahrheit zu gelangen (τὴν ἀλήθειαν 7, σαφήνειαν 13).

τὸ πραχθὲν — ἀληθὲς ἐπεξελθεῖν heißt soviel als „das Geschehene (die Tödtung des Vaters) so verfolgen, dass in dieser Verfolgung der wahre Sachverhalt (ἡ ἀλήθεια τοῦ πραχθέντος) aufgedeckt und der wirkliche Mörder bestraft werde" (vgl. III δ 3). Die gleiche Auffassung liegt der Verbindung III γ 3 τὴν ἀλήθειαν τῶν πραχθέντων zugrunde. Vgl. III β 10, II δ 1 — III β 3 κατά γε τὴν ἀλήθειαν ὧν ἔπραξεν; V 72. Ebenso begegnen wir einer ähnlichen Anschauung in τὸ ἀληθὲς καὶ τὸ γεγενημένον V 25 (vgl. V 23).

Wilamowitz-Möllendorff that daher unrecht, ἀληθὲς mit σαφηνὲς zu
vertauschen. Antiphon kennt auch nicht einmal das Adjectiv
σαφηνές; eher ließe sich σαφές schreiben (vgl. I 13; V 67). Zu der
Construction des verb. ἐπεξέρχεσθαι vgl. II α 2 ἐπεξερχόμενοι τὸν
φόνον und IV γ 6 οἳ τὸ τούτου μίασμα ἐπεξερχόμεθα. Nach dem
Gesagten ist es unnöthig. zu Blass' Conjectur τὸ πραχθὲν εἰς
τἀληθὲς ἐξελεγχθῇ, welche dem Gedanken am meisten Rechnung
trägt, unsere Zuflucht zu nehmen und sie, wie Herwerden (Antiph.
or. tres. 1883) es gethan hat, in den Text aufzunehmen.
Wie wir aus Ignatius' De Antiph. Rham. elocut. comm. 1882,
S. 104 (Nr. 374) erfahren, hat Vahlen gelegentlich ὅπως τὸ πραχθὲν
ἦν ἀληθὲς ἐπεξελθεῖν in Vorschlag gebracht. ἀληθὲς wird δίκαιον
gleichgestellt und der Satz mit „quem in modum iustum erat in-
quirere" umschrieben. Ich will nicht sagen, dass die Identificierung
des ἀληθὲς mit δίκαιον ungerechtfertigt ist; ich frage: gewinnt die
gerichtliche Verfolgung der Angeklagten erst mit der Folterung
der Sclaven Recht und Bedeutung (vgl. I 1, 4, 5. 10, 21, 25, 27)?
Nein, diese hat keinen anderen Zweck als den, dass die Sclaven
den wahren Sachverhalt angeben (10). Die Berechtigung meiner
Erklärung geht auch aus der Darstellung der folgenden Paragr.
7—13 hervor. Denn diese gibt den Beweis für die § 6 aufgestellte
Behauptung, dass es nicht genüge, die Unschuld der Angeklagten
zu betheuern, der Vertheidiger müsse hievon auch überzeugt
sein (σαφῶς εἰδέναι); dies sei aber nur durch die Folterung der
Sclaven möglich. Indem die Gegenpartei dem Wunsche des Klägers
nicht nachgekommen ist, hat sie dargethan, dass es ihr nicht um
die Erforschung der That zu thun ist (τῶν πραχθέντων σαφήνειαν),
sondern dass sie allen Grund hat, diese zu verheimlichen (vgl. 13).
Die Aufhellung des geheimnisvollen Mordes bleibt daher dem
Kläger und den Richtern überlassen (vgl. 13, 22, 31).
Die besprochene Stelle veranlasst mich, eine Zeile zurück-
zugehen und πυθέσθαι gegen die von Herwerden vorgeschlagene
Ausscheidung in Schutz zu nehmen. Das Wörtchen soll sich aus
dem § 7 (οὐκ ἠθέλησε πυθέσθαι) in den §. 6 verirrt haben (vgl.
Mnemos. n. s. 11, 203). Herwerden scheint ganz übersehen zu
haben, dass § 6 ἐν οἷς μὲν γὰρ — προὐθυμήθη im folgenden Paragraphen mit den Worten πῶς περὶ γ'ὧν οὐκ ἠθέλησε πυθέσθαι —
εἰδέναι wiederkehrt, allerdings in Form einer Folgerung aus dem
vorangehenden Beweise, dass somit die Gegenüberstellung von
εἰδέναι und πυθέσθαι § 7 ein ähnliches Verhältnis zwischen denselben Verben § 6 voraussetzt. Die Gegenpartei ist geflissentlich
jeder Aufklärung in der Sache, von der sie ein genaues Wissen
zu besitzen vorgab, aus dem Wege gegangen. Vgl. I 8 οὐκ ἐθέλησε
πυθέσθαι, 13 ἔφευγον — πυθέσθαι.

I 12. εἰ γὰρ τούτων — μὴ ἠθέλησαν δοῦναι.
Blass findet, dass diese Periode in nuce den Paragraphen 11
wiederhole (Rhein. Mus. 21, 273). Hoppe (Ant. spec. Hal. 1879, 24),
Wiedenhofer (Ant. esse or. quam edid. exhibent prim., Wien 1874, 12)
und P. Polack (de interr. usu Hal. 1886, 13) schließen sich dieser
Ansicht an. Das Versehen eines Abschreibers habe es verschuldet.

1*

dass diese Randbemerkung in den Text gelangt sei. Auch Schöll
(N. Jahrb. 103, 305) nimmt an der „eigenthümlichen Wiederholung“
Anstoß; aber eine Interpolation anzunehmen, sei, wie er meint,
misslich. Er erkennt in diesen **Variationen** Reste einer **zweiten
Redaction**, welche später nothdürftig in das Ganze eingefügt
worden seien. Demgegenüber geht meine Ansicht dahin, dass jene
Periode für das Verständnis des vorausgehenden Paragraphen un-
bedingt nothwendig ist, und dass wir, falls sie fehlen würde, eine
Lücke annehmen müssten. Wir dürfen eben bei der Betrachtung
eines Satzes unseren Blick nicht auf seine unmittelbare Umgebung
beschränken, wir müssen ihn mit dem großen Ganzen in Beziehung
bringen und die Zugehörigkeit zu demselben untersuchen. Es sei
mir zu dem Zwecke gestattet, ein wenig zurückzugreifen! Der
Sprecher hatte das Verlangen gestellt, dass die Gegenpartei ihre
Sclaven in seiner Gegenwart verhören, bezw. foltern möge (§ 9—11).
Statt, wie man erwarten würde, auf die Thatsache hinzuweisen (vgl.
§ 6—8), dass die Gegner seiner Forderung nicht entsprochen haben,
und statt hieraus die angestrebte Schlussfolgerung zu ziehen, führt
er § 11 mit καίτοι εὖ οἶδα.... ein neues Moment ins Treffen. Die
Gegenpartei würde, heißt es καίτοι εὖ οἶδα — οὐκ ἔνοχοί εἰσι τῷ
φόνῳ, falls sie aus eigenem Antriebe ihre Sclaven zur Verfügung
gestellt und der Redner diese nicht angenommen hätte, hierin
einen Beweis (τεκμήριον) für die Grundlosigkeit der gegen sie er-
hobenen Anklage und ein Zeichen ihrer Unschuld erblicken. Wozu
dies? frage ich. Um durch Zusammenfassung des wirklichen und
eventuellen Verhaltens der Gegner die Folgerung noch wirksamer
zu gestalten. Mit jenem Satze (καίτοι — εἰσι τῷ φόνῳ) ist die erste
Prämisse eines modus ponens gegeben. Der Untersatz würde nach
den Regeln der Logik folgende Gestalt angenommen haben: „Nun
ist aber der Redner mit der gleichen Forderung an die Gegenpartei herangetreten und von dieser zurückgewiesen worden.“
Statt dieser förmlichen Darstellung begnügt sich der Redner
in Wiederholung des § 9 und 10 Gesagten mit der Angabe des
ersten Theilgrundes jenes Satzes (ἐγὼ γάρ εἰμι — ἀντ᾽ ἐμοῦ), um
sofort zu dem Schlusssatze ὡς εἰσὶν ἔνοχοι τῷ φόνῳ zu eilen. Zur
vollständigen Begründung desselben würde daher im folgenden
(§ 12) die **bloße** Wiederholung des **zweiten** Theilgrundes „denn
sie haben mir die Sclaven nicht übergeben“ ausgereicht haben.
Der Redner thut dies nicht, er drängt noch einmal alle Theile des
Schlusses zusammen und gibt in chiastisch gebauter Periode mit
Gegenüberstellung der einzelnen Gedanken und Isokolen den Beweis,
dass die § 11 genannten τεκμήρια auf seiner Seite stehen, dass,
sowie die Gegenpartei aus einem eventuellen, er aus ihrem that-
sächlichen Verhalten den gleichen Schluss zu ziehen berechtigt ist
(τὸ αὐτὸ οὖν τοῦτο — ἐμοὶ γενέσθω). Schon die Form dieser Periode
schließt die Annahme einer Glosse aus; sie ist Antiphontisch. Dass
dagegen der überlieferte Text an manchen Stellen Bedenken erregt,
lässt sich nicht in Abrede stellen. τούτοις ἂν ἦν ταῦτα τεκμήρια
wird weder der Construction noch dem Sinne gerecht. Die Construction verlangt nach der Überlieferung einen Satz mit ὅτι oder
ὡς. Vgl. V 38, 61, 63, 83; VI 27, 41, 43. — Polack a. a. O. 13.

Eine Charakterisierung der τεκμήρια, der Folgerungen, welche sich aus dem gegenseitigen Verhalten ergeben (vgl. Kohm, Über die Echth. d. Tetral. d. Red. Ant. I, 26—27), ist aber an unserer Stelle nicht mehr nöthig, nachdem sie bereits § 10 nach der einen, wie nach der anderen Seite bestimmt worden sind. § 12 soll die Zugehörigkeit dieser τεκμήρια festgestellt werden. Ich lese daher τούτοις ἂν ἦν ταῦτα ⟨τὰ⟩ τεκμήρια. Ich erinnere an die analogen Verbindungen: II δ 10 τὰ δὲ εἰκότα ⟨οὐ πρὸς τούτων⟩, ἀλλὰ πρὸς ἐμοῦ μᾶλλον ἀποδέδεικται ὄντα (vgl. Zeitschr. f. d. öst. Gymn. 1884, 86) und τά τε τεκμήρια ἐμά, οἱ τούτων ὄντα ἐδήλωσα. Vgl. IV δ 3 κοινοῦ δὲ τοῦ τεκμηρίου ἡμῖν ὄντος.

Polack (a. a. O. 13) bringen auch die Worte τὸ αὐτὸ οὖν τοῦτο καὶ ἐμοὶ γενέσθω in Verlegenheit. Der Gedanke ist klar. Der Redner verlangt für sich dasselbe Recht der Folgerung, das die Gegner gegebenen Falls zu ihren Gunsten beanspruchen würden. τὸ αὐτὸ — τοῦτο erstreckt sich sonach auf den Gedanken des vorausgehenden Satzes, wenn wir nicht lieber τὸ αὐτὸ οὖν τεκμήριον (vgl. VI 27) lesen wollen.

An der Verbindung ἔλεγχον — λαβεῖν ist wohl nicht zu rütteln (vgl. Polack a. a. O. 13). Der Sclave, der gefoltert wird (II δ 7), und der Herr, welcher ihn der Folter übergibt (V 26, I 12), ermöglichen einen ἔλεγχος, die Partei aber, die nicht willfährig ist, vermeidet ihn (V 38, VI 27), während der Gegner eines ἔλεγχος τῆς ἀληθείας verlustig wird (V 35).

Wird daher nicht eine Partei auch eines ἔλεγχος theilhaftig (λαβεῖν), wenn nach ihrem Wunsche die Sclaven der Gegner verhört werden (vgl. I 10)? λαβεῖν erinnert überdies an παραλαβεῖν (sc. τὰ ἀνδράποδα) in § 11. Die Symmetrie zwischen den einzelnen Gliedern der Periode lässt mich im Hinblicke auf ἔλεγχον λαβεῖν — μή ἠθέλησαν δοῦναι vermuthen, dass der erste Theil der Periode noch lückenhaft ist. Höchst wahrscheinlich ist zwischen διδόναι εἰς βάσανον und ἐγὼ μὴ ἐδεξάμην das gemeinsame Object τὰ ἀνδράποδα verloren gegangen.

Lesen wir mit A ἐθελόντων (vgl. Hug, Phil. Anz. IV, 123) und nach I 28 ἐμοῦ ἐθέλοντος (vgl. Cobet, Mnem. n. s. 8, 274 und Graffunder, De Cripps. et Oxon. ... cod. 1882, 47), so dürfte sich der Text in folgender Weise gestalten: εἰ γὰρ τούτων ἐθελόντων διδόναι εἰς βάσανον ⟨τὰ ἀνδράποδα⟩ ἐγὼ μὴ ἐδεξάμην, τούτοις ἂν ἦν ταῦτα ⟨τὰ⟩ τεκμήρια. τὸ αὐτὸ οὖν τεκμήριον καὶ ἐμοὶ γενέσθω, εἴπερ ἐμοῦ ἐθέλοντος ἔλεγχον λαβεῖν τοῦ πράγματος αὐτοὶ μὴ ἠθέλησαν δοῦναι.

I 25 καὶ πότερον δικαιότερον οἰκτῖραι μᾶλλον τὸν τεθνεῶτα ἢ τὴν ἀποκτείνασαν; codd. Jernstedt (observ. Antiph. Petersb. 1878, 5) nimmt an der Stellung des μᾶλλον Anstoß und schreibt καὶ πότερον δεῖ οἰκτῖραι ... Blass und Herwerden haben diese Änderung angenommen. Allerdings wird μᾶλλον in der Regel dem betonten Worte nachgesetzt, doch kommt auch das Gegentheil vor. Vgl. III γ 6 μᾶλλον δὲ ἑκὼν ἤ. Dass auch der Comparativ δικαιότερον in der Verbindung μᾶλλον — ἤ Antiphon nicht fremd ist, beweisen

II β 3 εἰκότερον — διακωλύειν μᾶλλον und II β 8 εἰκότερον — τῷ
ἔργῳ μᾶλλον (vgl. Polack a. a. O. 24).

Jernstedt bestreitet ferner, dass dieser Comparativ bei dem
folgenden τεθνεῶτα ergänzt werden könne. Mit welchem Rechte,
sehe ich nicht ein. Denn die rhetorische Frage καὶ πότερον —
ἀποκτείνασαν unterscheidet sich von der folgenden Antwort nur in
der Form der Aussage. Die Construction verlangt daher, dass in
dieser der bezügliche Ausdruck δικαιότερον οἰκτῖραι μᾶλλον — ἢ τήν
ἀποκτείνασαν dem Sinne gemäß ergänzt werde.

Die Nothwendigkeit dieses Comparativs ergibt sich überdies
aus dem vorangehenden Satze, mit dem der erste Beweisgrund
geschlossen wird, und erweist sich aus der unmittelbar angeschlos-
senen Begründung καὶ γὰρ δικαιότερον —, in der δικαιότερον ganz
unverständlich wäre, wenn es nicht auch in jenem Fragesatze enthalten wäre. Endlich darf nicht die Form der Thesis (§ 21 ὅσῳ
δικαιότερα ὑμῶν δεήσομαι), um die es sich in dem Beweise
handelt, übersehen werden.

II γ 3. Die schwierige Stelle τοὺς μὲν γὰρ ὅ τε φόβος ἥ τε ἀδικία
ἱκανὴ ἦν παῦσαι τῆς προθυμίας, τοῖς δὲ ὅ τε κίνδυνος ἥ τε αἰσχύνη
μείζων οὖσα τῆς διαφορᾶς, εἰ καὶ διενοήθησαν ταῦτα πρᾶξαι, ἀρκοῦσα
ἦν σωφρονίσαι τὸ θυμούμενον τῆς γνώμης ist verschieden erklärt
und mannigfachen Änderungen unterworfen worden. Reiskes Vorschlag (orat. Att. 7, 642) οὐχ ἱκανὴ wird von Franke (N. Jahrb.
f. cl. Phil. 28, 74) und Maetzner (Ant. or. 162) gebilligt; Spengel
schreibt ἱκανὴ ἦν, μὴ παῦσαι; Linder (De rer. disp. ap. Ant. et
And. Ups. 1859, 34) πλῆσαι τῆς προθυμίας. Bekkers Conjectur
προμηθίας (st. προθυμίας) ist von Blass in den Text aufgenommen
und von Reutzel (exercit. crit. in Ant. orat. Giss. 1879, 62—63)
vertheidigt worden. Dasselbe hat Hemstege (Analecta Antiph.
Leiden, 1892, 20) gethan, ohne den Sinn der Stelle richtig erfasst
zu haben. Kayser liest mit Zuhilfenahme jener Conjectur τοὺς
μὲν... παῦσαι τὸ δεδιὸς τῆς προμηθίας (Rh. M. 12, 234). Gegenüber diesen Veränderungen halten Jernstedt und Dobree (advers.
1, 147) an der Überlieferung fest; nur bleibt mir in diesem Falle
die Bemerkung des letzteren „imo inicere cupidinem" unverständlich.

Ich habe mich nach langer Überlegung für Reiskes Conjectur
οὐχ ἱκανὴ entschieden, indem ich die Stelle auf folgende Weise
erkläre: „Denn die einen (οἱ μᾶλλον ἐν φόβῳ ὄντες) vermag weder
die Furcht vor neuen Gefahren noch das eigene Unrecht von
ihrem Vorhaben abzubringen, muss im Gegentheil ihre Leidenschaft
nur noch mehr entflammen. Die anderen hingegen (οἵ τε ἧσσον
κινδυνεύοντες) vermögen die Größe der Gefahr und die Schmach
den erregten Sinn wieder in die Bahnen der Klugheit zurück-
zuleiten." Vgl. meine Übersetzung d. Tetralogien. Arnau 1888, 8.
φόβος bedeutet, wie ein Vergleich mit α 7 (ὅ τε φόβος τῶν ἐπιφερομένων κακῶν) und γ 3 (τῶν μᾶλλον ἐν φόβῳ ὄντων) lehrt, die Furcht
vor neuen Gefahren, vor der Verurtheilung, welche dem Geklagten
nach der Meinung der Kläger infolge der wegen Tempelraub gegen
ihn anhängig gemachten Klage drohte (vgl. II α 6—9, β 9, γ 9).

Wie ὅ τε φόβος γ3 mit ὅ τε φόβος τῶν ἐπιφερομένων κακῶν in ι 7 correspondiert, so entspricht ἥ τε ἀδικία γ3 den Worten ἥ τέ γὰρ ἐπιθυμία τῆς τιμωρίας daselbst (α7). Denn das Bewusstsein des zugefügten Unrechtes (συνειδὼς μὲν αὐτῷ τὸ ἀδίκημα IIα6) und die Gewissheit, in dem neuen Processe zu unterliegen (II α 7—8), verbunden mit der Erinnerung an das frühere Unglück (μνησικακῶν δὲ τῶν πρόσθεν α6) erzeugt die ἐπιθυμία τῆς τιμωρίας (IIα 7), welche ἀμνήμων τῶν... κινδύνων (α7) ist.

Demnach steht ὅ τε φόβος ἥ τε ἀδικία zu ὅ τε κίνδυνος ἥ τε αἰσχύνη in demselben Verhältnisse, in dem sich οὐχ ἱκανὴ ἦν zu ἀρκοῦσα ἦν und παῦσαι τῆς προθυμίας zu σωφρονίσαι τὸ θυμούμενον τῆς γνώμης befinden (vgl. Ignatius a. a. O. S. 92).

So gibt die Stelle einen guten Sinn, zeigen die Theile der Periode Ebenmaß und ist ein gewisser Sarkasmus nicht zu verkennen. Denn φόβος und ἀδικία sind nicht nur nicht imstande, jene Leute von ihrem Vorhaben abzubringen, sondern fachen nur noch mehr das Feuer ihrer Leidenschaft an und treiben sie zur That.

Bekker kommt wohl mit seiner Conjectur, wenn man nicht die Thatsache in Betracht zieht, dass ἡ προμηθία in der Prosa weniger gebräuchlich und bei Antiphon nirgends nachweisbar ist, dem Gedanken nahe, den wir in der Stelle gefunden haben. Dagegen gehen der Gegensatz, welcher in οὐχ ἱκανὴ ἦν und ἀρκοῦσα ἦν liegt, und die Schärfe des Gedankens verloren. Denn man muss sich unwillkürlich fragen, ob es noch ein anderes gibt, das besser oder früher imstande ist, jenen die Überlegung zu rauben, als es ὅ τε φόβος ἥ τε ἀδικία vermögen.

Ganz unhaltbar ist nach meiner Überzeugung H. Gölkels „Beitrag zur Synt. d. Verb. b. d. Red. Ant." Passau, 1883, 51—52) Verbesserungsvorschlag ⟨οὐκ⟩ ἀρκοῦσα ἦν, weil er, von anderen Bedenken abgesehen, die Gölkel selbst nicht in Abrede stellt, entweder die gänzliche Streichung oder theilweise Änderung der Worte μείζων οὖσα... ταῦτα πρᾶξαι im Gefolge haben muss.

III β 1. Die Überlieferung τούς τε ἡσυχίους τολμᾶν τά τε ἄλλα παρὰ φύσιν λέγειν καὶ δρᾶν βιάζονται lässt, wenn wir einstweilen von der grammatischen Seite absehen wollen, eine doppelte Deutung zu. Entweder steht τολμᾶν τά τε ἄλλα im einschränkenden Gegensatze zum folgenden, und der Gedanke ist: „Unglück und Nothwendigkeit zwingen ruhige Leute sowohl anderes zu wagen, als auch wider ihre Natur zu reden und zu sprechen." Muss man sich in diesem Falle nicht fragen: handeln nicht Leute von ruhigem Naturell, sobald sie überhaupt gezwungen werden zu wagen, bereits wider ihre Natur und Gewohnheit? Darnach erscheint die ausdrückliche Betonung παρὰ φύσιν an dieser Stelle als müßig; auch umfasst παρὰ φύσιν λέγειν καὶ δρᾶν für sich schon den ganzen Begriff und macht eine Einschränkung unverständlich. Denn was soll es außer dem unnatürlichen Reden und Handeln, zu dem man wider seine Natur gedrängt wird, noch geben, das παρὰ φύσιν genannt werden könnte?

τολμᾶν τά τε ἄλλα müsste unter jener Voraussetzung als Interpolation gestrichen werden.

Die andere Auffassung der Stelle ist die, dass jene Worte im Gegensatze zu einem zu ergänzenden Gedanken (etwa „zu ihrem gewöhnlichen Thun und Lassen“) genommen werden und sich demgemäß in folgender Weise wiedergeben lassen: „Anderes zu wagen als sonst, d. i. wider ihre Natur zu reden und zu handeln“ (vgl. III β 1 *παρὰ τὸν ἄλλον τρόπον*). *τολμᾶν* ist in diesem Falle proleptisch: „anderes zu thun als sie gewohnt sind, d. i. zu wagen.“ Über die Construction von *τολμᾶν* vgl. Maetzner a. a. O. 173.

Dieser Erklärung entspricht am besten Schäfers Vorschlag (De nonn. partic. ap. Ant. usu. diss. Gott. 1877, 14) *τά τε ἄλλα παρά ⟨τε⟩ φύσιν*..., während der Überlieferung wie den Conjecturen Sauppes (ep. crit. 137) und Scheibes (act. soc. Gr. Lips. II, 1838, 87) *τά τε ἄλλα ⟨καὶ⟩ παρά*.... und Funkhaenels (N. Jahrb. 79, 147) *τά τε ἄλλα παρὰ φύσιν ⟨καὶ⟩ λέγειν βιάζονται* der usuelle Gebrauch von *τέ — καί* in den Tetralogien (vgl. Schäfer a. a. O. 14) widerspricht. Jernstedt folgert aus III γ 1, dass für *τά τε ἄλλα* die Worte *ἅπαντάς τε* einzusetzen seien. Mir scheint der Gegner an jener Stelle, indem er *ἅπαντας* gebraucht, mit Fleiß die Aussage des Vertheidigers, welcher seinen *β* 1 ausgesprochenen Gedanken auf die *ἡσύχιοι* beschränkt, übertreiben zu wollen. Unserer Stelle liegt daher nach Schäfers Emendation, wie ich glaube, folgender Gedanke zugrunde: „Missverhältnisse zwingen ruhige Leute anderes zu wagen (als sie sonst gewohnt sind) und (zwar) wider ihre Natur zu reden und zu handeln.“ Die von *βιάζονται* gleich abhängigen Infinitive *τολμᾶν*... und *παρά τε φύσιν λέγειν*... sind coordiniert. *παρά τε φύσιν λέγειν καὶ ὁρᾶν* ist die Erklärung zu *τολμᾶν τά τε ἄλλα*. Im Hinblicke auf das Gesagte ist es unnöthig, zu dem Vorschlage des Ignatius (vgl. a. a. O. S. 153) *τούς τε ἡσυχίους τά γε ἄλλα τολμᾶν ⟨καὶ⟩ παρά*..., welcher zum Theile in der Aufnahme der Scheibe'schen Conjectur und der Umstellung des *τά τε ἄλλα* besteht, seine Zuflucht zu nehmen.

III β 2. *δέομαι ὑμῶν, ἐὰν ἀκριβέστερον ἢ ὡς σύνηθες ὑμῖν δόξω εἰπεῖν, μὴ διὰ τὰς προειρημένας τύχας ἀποδεξαμένους μου τὴν ἀπολογίαν δόξῃ καὶ μὴ ἀληθείᾳ τὴν κρίσιν ποιήσασθαι.* codd.
Maetzner (a. a. O. 174) will vor *ἀποδ.* die Negation *μή*, Reiske ein Adverbium wie *ἀπηνῶς, σκληρῶς, τραχέως,* Kayser (Rh. M. 12, 227) *δύσνως,* Gebauer *δυσχερῶς,* Schöll (N. Jahrb. 103, 304) *δυσμενῶς* und Thalheim (Lycurg. et Ant. 1882, 8) *ἀπιστότερον* einstellen, während sich Jernstedt der Vermuthung hingibt, dass ein ähnliches Wort im Vorangehenden ausgefallen sei. Franke (N. Jahrb. 28, 76) setzt nach *ἀληθείᾳ* einen Beistrich, und Blass endlich schreibt *τὰ προειρημένα* (sc. ab adversario) *δυσχερῶς ἀποδ.* ...

Alle diese Versuche gehen von der Voraussetzung aus, dass wir unter *μή ... ἀποδ.* an eine ungünstige Aufnahme der Rede seitens der Richter zu denken haben. Funkhaenel (N. Jahrb. 79, 197—198) ist einer anderen Ansicht. Seine Conjectur *μὴ δόξῃ*:

καὶ μὴ ἀληθείᾳ wird von Briegleb (Zur Kritik d. Ant., Anclam 1861, 9—10) gebilligt. Herwerden (Mnem. n. s. 9, 104) streicht das erste μή und empfiehlt durch Umstellung ἀληθείᾳ καὶ μὴ δόξῃ zu lesen. Demselben Vorschlage begegnen wir bei Ad. Bohlmann (vgl. Antiphontea 1882, 14).

Es würde mich zu weit führen, wollte ich gegen die größere oder geringere Berechtigung der einen oder der anderen Conjectur polemisieren. Meine Ansicht ist in Kürze folgende: Wir müssen die Ansicht des Klägers untersuchen, ehe wir an unsere Stelle mit Erfolg Hand anlegen können. Der Kläger macht III γ 3 dem Angeklagten den Vorwurf, dass er 1. in gottloser Weise eine günstige Aufnahme seiner Vertheidigung verlange und 2. durch die Subtilität (ἀκρίβεια) seiner Rede die Richter überreden wolle, ψευδῆ τὴν ἀλήθειαν τῶν πραχθέντων. ἡγήσασθαι. Diese Worte sind, wie eine nähere Betrachtung derselben zeigt, die Antwort auf III β 1—3.

Der Redner gibt zu, um einer Entgegnung seiner Gegner zuvorzukommen, dass seine Rede den Richtern möglicher Weise subtiler (ἀκριβέστερον) erscheinen könnte, als sie sonst zu hören gewohnt sind (vgl. III γ 3, δ 2). Diese mögen, bittet er, seine Vertheidigung wegen der soeben geschilderten ungünstigen Verhältnisse, d. i. der schwierigen Erkenntnis des wahren Sachverhaltes und der noch schwierigeren Darstellung desselben (III β 1) nicht ungünstig aufnehmen und nicht nach dem Scheine, der gegen ihn ist, sondern nach der Wahrheit ihr Urtheil fällen (vgl. meine Übers. d. Tetral. S. 14). Das folgende (ἡ μὲν γὰρ δόξα τῶν πραχθέντων .... πρασσόντων) ist eine allgemeine Sentenz, von welcher der Redner umsomehr Gebrauch machen konnte, als er sich gleich im Anfange als einen friedliebenden, im Processieren weniger versierten, daher auch weniger redegewandten Bürger hingestellt hatte, von dem nicht zu erwarten stand, dass er die Richter durch die Überredungskünste für sich zu gewinnen imstande wäre. Zu einer Änderung ist somit kein Grund vorhanden (vgl. Linder, De rer. disp. ap. Ant. comm. Ups. 1859, 39 n. 100).

Uber ἀποδ. in der Bedeutung „günstig aufnehmen“ vgl. μῦθον. προοίμιον ἀποδ. Plat. Tim. 29 D; ἀπόρρησιν polit. II 357 A; ἀπόκρισιν Prot. 329 B; λόγον symp. 194 D; λόγους Isocr. III 10.

III γ 3 ist σύχνως, wenn es nicht mit Pahle (Ant. et quae vulg. ei. fer. ort. Jever. 1874, 4) gestrichen wird, gemäß III β 2, 11, 12 zu erklären und gleich ἅπαντας (III γ 1) als Übertreibung des Klägers anzusehen (= fortwährend, ununterbrochen). Vgl. Linder a. a. O. 41, n. 2.

δόξῃ καὶ μὴ ἀληθείᾳ ist eine in den Tetralogien nicht ungewöhnliche Antithese zweier Begriffe durch οὐ ⟨μή⟩; beide ₁Wörter bilden ein zusammengehöriges Ganze. Vgl. II β 5 ἐσωφρόνουν καὶ οὐκ ἐμαίνοντο; III β 5 ἀτρεμίζων καὶ μὴ διατρέχων; γ 1, 3 ἔργῳ καὶ οὐ λόγῳ; IV β 4, 6, 8; γ 3; δ 4, 8.

Ich verweise außerdem auf die Abhandlungen von Belling (De period. Ant. symm. diss. Vrat. 1868, 25), Pahle (Die Red. d. Ant. 12); Both (De Ant. et Thucyd. gen. dic. Marb. 1875, 28; ders. De Ant. Rh. tetral. Oldenb. 1876, 13) und Rosenthal (De Ant.

in part. usu propriet. 1894, 10 ff.). Die Negation *μὴ διά*... gehört zum Verbum, und *ἡμῖν* ist in gleicher Weise mit *δόξω* als mit *σύνηθες* zu verbinden. Ignatius' Vorschlag (a. a. O. S. 66, 104) *ἐὰν ⟨μὴ⟩ ἀκριβέστερον ἢ ὡς σύνηθες* (quam par est) *ἀποδεξαμένους*... ist unverständlich, da es keiner Entschuldigung bedarf, wenn die Rede des Angeklagten nach Art der sonstigen Gerichtsreden und nicht *ἀκριβέστερον* gehalten ist; wohl aber bedarf es einer solchen, wenn sie von der Gewohnheit abweicht. Ebenso ist die von jenem Gelehrten diesen Worten beigelegte Bedeutung „itaque si quid non satis subtiliter explanaret (sc. reus), se orare"... ebensowenig grammatisch zu rechtfertigen, als *ὡς σύνηθες* mit quam par est übersetzt werden kann.

III γ 2 *οὐδὲ γὰρ ἂν ἕνα λόγον ἀντὶ δυοῖν λέξας τὸ ἥμισυ τῆς κατηγορίας ἐμαυτὸν ἂν ἀπεστέρησα.* So schreibt Blass nach Reiske und Bekker gegenüber der Überlieferung *ἀντιδοὺς ἢ λέξας* N. A. Franke (N. Jahrb. 28, 77), Kayser (Rh. M. 16, 73) und Ignatius (a. a. O. S. 84) erklären sich ebenfalls für die Nothwendigkeit dieser Conjectur.

Zur Sache verweise ich auf II γ 1, IV δ 1, V 13, VI 14. In jedem Falle ist der schon von Kayser angefochtene Verbesserungsvorschlag Linders (a. a. O. 39—40) *ἀντιδοὺς ἐλέγξας* unmöglich. Denn 1. dürfte es schwer sein zu erweisen, dass *εἷς λόγος* von einem Theile der Rede oder Klage gesagt werden kann (vgl. III δ 5 *ἐπ' ἄλλον λόγον ὁρμῆσαι:* „auf einen anderen Punkt in der Rede übergehen"), abgesehen davon, dass nach dieser Deutung III γ 3 *προέχων ἐν τοῖς λόγοις ἡμῶν* ganz unverständlich erscheint. 2. Lässt sich die äußerst gekünstelte Erklärung der ganzen Stelle mit dem wahren Sachverhalte nicht gut in Einklang bringen. Denn nicht davon ist die Rede, dass der Angeklagte den Theil der Klage, welchen der Kläger näher zu begründen für überflüssig erachtet hatte, zum Ausgangspunkte einer eingehenden Polemik machte, sondern dass der Angeklagte überhaupt (wider Erwarten) das Wort ergriff und sich zur Wehre setzte. Vgl. III γ 2 *ἐγώ τε*... *οὐκ ἂν ὑπέλαβον τοῦτον ἀντειπεῖν* mit III α 1 *οἶμαι μὲν οὖν οὐδὲ ἀμφισβητήσειν πρὸς ἐμὲ τὸν διωκόμενον.* Hierin war der Vertheidiger dem Redner um eine Rede voraus (vgl. III γ 2 *προεῖχε τῷ διπλασίῳ μου*... γ 3 *προέχων ἐν τοῖς λόγοις ἡμῶν*), während sich dieser um eine solche verkürzt sah, da III α füglich den Charakter einer Rede nicht beanspruchen kann.

Demgemäß möchte ich auch lieber trotz der scheinbar blendenden Conjectur Reiskes der Ansicht Maetzners (a. a. O. 177) beipflichten, dass *ἢ λέξας* als Glosse zu *ἀντιδοὺς* zu streichen sei. Die Worte bedeuten: „denn sonst hätte ich mich nicht begnügt, nur eine Rede gegenüberzustellen (d. i. den zwei Reden des Gegners) und mich nicht so selbst um die halbe Klage gebracht." Vgl. meine Übers. d. Tetral. S. 17. Für diese Auslegung sprechen auch die Verbindungen *τοῦτον ἀντειπεῖν* und *ἕνα μὲν πρὸς ἕνα λόγον ἀπολογηθείς*, denen wir in demselben Paragraphen begegnen. Da aus dem Gesagten ohne Zweifel hervorgeht, dass der Redner III α den Charakter einer Rede abspricht und nur einen solchen für γ in Anspruch nimmt, so bietet auch die Erklärung der folgenden Worte οὗτός τε μὴ τολμᾶν οὐκ ἂν προεῖχε τῷ διπλασίῳ μου, ἕνα μὲν πρὸς ἕνα λόγον ἀπολογηθείς, ἃ δὲ κατεγόρησεν ἀνακρίτως εἰπών keine Schwierigkeiten. „Wenn es der Vertheidiger", heißt es, „nicht gewagt hätte zu widersprechen, so würde dieser dem Redner nicht um ein Doppeltes voraus sein. Dies ist er aber insofern, als er sich bloß gegen eine Rede (γ) mit einer einzigen Rede (δ) zu vertheidigen braucht, während seine Anklagen (in derselben Rede δ) von dem Redner unbeantwortet bleiben." Ich brauche nicht erst zu sagen, dass die von Ignatius (a. a. O. S. 84) angedeuteten Beziehungen, und zwar die des ersten ἕνα auf or. β, die des zweiten ἕνα auf or. α und schließlich die der Worte ἃ δὲ κατεγ... εἰπών auf or. δ wenig Wahrscheinlichkeit besitzen.

III γ 3. Die Vermuthung Jernstedts (a. a. O. 15), dass nach δεινότερα τούτων die Worte παθεῖν κινδυνεύων vermisst werden und nach diesen ein Beistrich zu setzen sei, ist für den Augenblick bestechend (vgl. III γ 4—5. 11; δ 4); aber auch nur für den ersten Augenblick. Denn nicht genug, dass durch diese Ergänzung die Antithese δράσας μὲν .. παθὼν δὲ leidet, man weiß auch nicht, was ἔργῳ καὶ οὐ λόγῳ in Verbindung mit εἰς ὑμέτερον ἔλεον καταπ. im Munde des Klägers bedeuten soll. War seine III α 2 vorgebrachte Bitte um Mitleid bloß Schein, waren es nur Worte? Man wird gut thun, die Überlieferung beizubehalten und im Anschlusse an das Vorangehende zu erklären.

„Ich aber, der bisher nichts Böses gethan, wohl aber schon viel Arges (durch den Verlust des Sohnes) erduldet hat und jetzt noch mehr nicht durch Worte, sondern durch die That ertragen musste, bitte euch" u. s. w. Der Kläger nimmt, wie diese Worte bezeugen, insbesondere daran Anstoß, dass sich der Angeklagte (bezw. sein Vertheidiger) und wie er sich vertheidigt hat. Denn der Vertheidiger hatte in der vorangegangenen Rede nicht nur alle Schuld auf den Knaben abgewälzt, sondern denselben sogar als seinen eigenen Mörder bezeichnet. Vgl. III γ 1—2, τοσοῦτον δὲ προέχων ἐν τοῖς λόγοις ἡμῶν, ἔτι δὲ ἐν οἷς ἔπρασσε πολλαπλάσια τούτων; Blass, Ant. orat. ed. II zu III γ 3 n. 3.

Zu καὶ νῦν ἔτι δεινότερα τούτων ἔργῳ καὶ οὐ λόγῳ ist aus dem unmittelbar Vorangehenden παθὼν δὲ ἄθλια sinngemäß das gleiche Particip. παθών zu ergänzen. Vgl. Kühner, Gr. Gramm. II, 1. § 597.

III γ 3 μὴ ἔργα φανερὰ ὑπὸ πονηρᾶς λόγων ἀκριβείας πεισθέντας, ψευδῆ τὴν ἀλήθειαν τῶν πραχθέντων ἡγήσασθαι codd. Pahle schiebt nach φανερὰ die Worte ὑποπτεῦσαι καὶ (vgl. Ant. or. Jever. 4) ein, hinter πεισθέντας ist nach Sauppe ἀφανίσαι, nach Kayser (Rh. M. 12, 231) ἄπιστα νομίσαι ausgefallen. Alle diese Vorschläge sind gleich den Conjecturen Schölls ⟨πρὸς⟩ ἔργα (N. Jahrb. 103, 306) und Reutzels ⟨παρὰ⟩ τὴν ἀλήθειαν (a. a. O. 66) überflüssig. Dagegen sind die Worte ἔργα φανερά mit Franke (N. Jahrb. 28, 77; vgl. Briegleb a. a. O. 7) und Jernstedt als Glosse zu streichen (vgl. m. Übers. d. Tetr. 17). Denn nur so dürfte der Gegensatz zwischen der ἀκρίβεια, welche δόξα (IIIβ 2) oder πίστις (vgl. IIIγ 4 ἡ μὲν γὰρ πιστότερον ἢ ἀληθέστερον σύγκειται) bewirkt, und der ἀλήθεια, welche nicht auf die Täuschung der Zuhörer ausgeht (vgl. IIIγ 4 ἡ δ' ἀδολώτερον ... λεχθήσεται), am besten gewahrt werden.

IIIγ 4 ἡ μὲν γὰρ πιστότερον ἢ ἀληθέστερον σύγκειται, ἡ δ' ἀδολώτερον καὶ ἀδυνατώτερον λεχθήσεται codd. Herwerden (vgl. a. a. O. 205) conjiciert πιθανώτερον statt πιστότερον. Die Änderung scheint mir unbegründet zu sein. Denn nach Platons Gorgias und Phaidros bewirkt die sophistische Redekunst (λόγων ἀκρίβεια) πίστις (vgl. Gorgias 454 E), während das Studium der Philosophie oder der mit ihr verbundenen Rhetorik die ἐπιστήμη (ἀλήθεια) im Gefolge hat. Vgl. Gorg. 460 E; 461 A; 527 C; Phaidr. 269 F, 273 E. Die sophistische Rhetorik sucht mehr Glauben zu erwecken als zu beweisen und zu überzeugen. Daher ist die πίστις, nicht die πειθώ der ἀλήθεια (ἐπιστήμη) entgegengesetzt, da auch die πειθώ gegebenen Falles ἐπιστήμη gewähren kann (vgl. Plat. Gorg. 454 E). Man wird mir daher beistimmen, wenn ich auch den Vorschlag des Ignatius (a. a. O. S. 104, 177) ἀπιστότερον als verfehlt bezeichne, da gerade die ἀκρίβεια es ist, welche die πίστις und δόξα (IIIβ 2) anstrebt. Dieser Zweck wird passend durch die Wahl des Verbums σύγκειται illustriert („ist zusammengesetzt"). Im übrigen ist Antiphon selbst, wie andere Stellen beweisen, der beste Gewährsmann für die Richtigkeit der Überlieferung und unserer Erklärung.

Vgl. IIIβ 2 ἡ μὲν γὰρ δόξα τῶν πραχθέντων πρὸς τῶν λέγειν δυναμένων ἐστὶν und V 3 πολλοὶ μὲν γὰρ ἤδη τῶν οὐ δυναμένων λέγειν ἄπιστοι γενόμενοι τοῖς ἀληθέσιν, αὐτοῖς τούτοις ἀπώλοντο, οὐ δυνάμενοι δηλῶσαι αὐτά· πολλοὶ δὲ τῶν λέγειν ⟨δυναμένων⟩ πιστοὶ γενόμενοι τῷ ψεύδεσθαι, τούτῳ ἐσώθησαν... ἀνάγκη οὖν, ὅταν τις ἄπειρος ᾖ τοῦ ἀγωνίζεσθαι, ἐπὶ τοῖς τῶν κατηγόρων λόγοις εἶναι μᾶλλον ἢ ἐπ' αὐτοῖς τοῖς ἔργοις καὶ τῇ ἀληθείᾳ τῶν πραγμάτων. Diese Stelle dürfte zugleich die Vermuthung Maetzners, es sei in der Antithese zu den oben besprochenen Worten ἡ δ' ἀδολώτερον καὶ ἀδυνατώτερον λεχθήσεται die Überlieferung καὶ ἀδυνατ. in ἢ δυνατώτερον umzuändern, bewahrheiten (vgl. m. Übers. d. Tetr. 18).

Scheibe (Act. societ. Gr. Lips. II. 1838, 88) theilt diese Vermuthung. Jernstedt hat Maetzners Conjectur mit Recht in den Text aufgenommen. Antiphon macht nämlich im Beginne der V. Rede, welcher sehr viel Ähnlichkeit mit IIIβ 1—2 besitzt, durch den Mund des Redners das interessante Geständnis, dass derjenige, welcher sophistische, rhetorische Kunstgriffe nicht verschmäht (vgl. ἀκρίβεια, λεπτὰ δὲ καὶ ἀκριβῆ IIIβ 1, 2; γ 3, δ 2) und vor der Entstellung der Wahrheit nicht zurückschreckt (V 3) durch die Gewalt der Rede (δύναμις τοῦ λέγειν V 2) gegenüber der ἀδυναμία τοῦ λέγειν (V 2) und einem Processunkundigen (V 3, IIIβ 1) einer zweifelhaften Sache zum Siege verhelfen kann, ein Geständnis, das uns an das bekannte Ziel aller sophistischen Rhetorik τὸν ἥττω λόγον κρείττω ποιεῖν erinnert. Da die ἀλήθεια derartige Kniffe verschmäht oder nicht kennt, so ist ihre Sprache ἀδολώτερον, und in demselben Maße, als sie dies ist, ist auch ihre δύναμις gegenüber der der ἀκρίβεια eine geringere; nicht als ob ihr keine δύναμις zukäme (vgl. V 3 ἐπὶ τοῖς τῶν κατηγόρων λόγοις εἶναι μᾶλλον ἢ ἐπ' αὐτοῖς τοῖς ἔργοις...), sie ist nur nicht so groß als die der ἀκρίβεια. ἡ μὲν γὰρ πιστότερον ἢ ἀληθέστερον und ἡ δ' ἀδολώτερον ἢ δυνατώτερον stehen zueinander in einem umgekehrten Verhältnisse, indem sich die Begriffe ἀδολώτερον und ἀληθέστερον, πιστότερον und δυνατώτερον kreuzweise entsprechen. Sinn und Concinnität verlangen gebieterisch nicht bloß die Umwandlung des καὶ in ἤ, sondern auch die des ἀδυνατώτερον in δυνατώτερον. Ignatius (a. a. O. S. 104) wird nur zur Hälfte dem Gedanken gerecht, wenn er ἢ ἀδυνατώτερον schreibt.

III γ 5 ⟨ὃς⟩ μήτε βαλεῖν μήτε ἀποκτεῖναί φησι τὸ μειράκιον. Blass. Jernstedt (a. a. O. 15) will unter Berufung auf β9 statt βαλεῖν μήτε die Worte ἀκουσίως μήτε ἑκουσίως geschrieben haben.

Nach meinem Dafürhalten ist die Überlieferung correct und mit III β 3 in Einklang zu bringen. Der Redner sagt, dass er, wenn er gegenüber der unverschämten Aussage des Gegners, dass der Jüngling weder getroffen noch getödtet habe (vgl. III β 3; γ 5, 6, 7), seine Klage auf unvorsätzliche Tödtung (vgl. III α 1—2, β 9) dahin modificieren würde, dass er diese für eine vorsätzliche erklärt, mehr Glauben fände als der Vertheidiger mit jener Behauptung. Die Erwiderung auf III β 9 ist erst γ 7—8 zu lesen.

III γ 7 Bekker ändert die Überlieferung τίς ὁ βάλλων (βαλὼν A corr.²) ἐστίν; ὁ φόν. ὃν (οὖν Ald.) ἀνήκει εἰς τοὺς θεωμένους ἢ εἰς τοὺς παιδαγωγούς; in τίς ὁ βαλών; ἐς τίν' ὁ φ. ἀνήκει; Jernstedt conjiciert: ἀλλὰ τίνος μᾶλλόν ἐστιν ὁ φόνος; πότερον ἀνήκει... Ich weiß nicht, ob Blass mit Recht diese Conjectur in den Text aufgenommen hat. Zunächst scheint mir die Änderung zu gewaltsam zu sein. Sodann wäre πότερον ἢ nur zulässig, wenn hier die Frage über die Urheberschaft der Tödtung nicht, wie dies wirklich der Fall war, zwischen dem Geklagten einer- und den Zuschauern und Pädagogen anderseits, sondern zwischen den Zuschauern und Pädagogen entschieden werden sollte. Ich halte im allgemeinen an der Überlieferung fest und erkläre dieselbe in folgender Weise: „Die Gegner behaupten, dass der Jüngling nicht der Mörder und daher nach dem Gesetze frei sei. Wer ist aber dann derjenige, der getroffen (geworfen) hat? Sind es etwa die Zuschauer oder die Pädagogen? Gewiss nicht. Denn niemand klagt diese an; auch geschah die That nicht im Verborgenen, sondern im Angesicht aller." (Vgl. m. Übers. d. Tetr. 19.)

Sonach dürfte der Verfasser geschrieben haben (vgl. Maetzner zur Stelle): ἀλλὰ τίς ὁ βαλών ἐστιν; ὁ φόνος οὖν ἀνήκει εἰς τοὺς... παιδαγωγούς; In Form zweier rhetorischer Fragen wird der Gedanke wiedergegeben: „Weder Zuschauer noch Pädagogen haben getroffen (geworfen, d. i. getödtet), sind die Mörder."

Der Redner gebraucht das Verbum βαλών und nicht ἀποκτείνας, weil jenes Wort neben seiner doppelten Deutungsweise (getroffen, geworfen) zugleich einen Hinweis auf die sophistische Deduction des Gegners (IIIβ 3—5) gestattet, dass der Jüngling, weil er niemanden (außerhalb des Zieles) getroffen, auch niemanden getödtet habe. Durch οὖν erscheint, wenn diese Conjectur nicht lieber gestrichen wird, die Antwort auf die rhetorische Frage ὁ φόνος .. παιδαγωγοῖς anticipiert: „Diese sind es also nicht.“ Vgl. Maetzner a. a. O. 178.

IIIγ 7 ὧν οὐδεὶς οὐδὲν κατηγορεῖ codd. Reiske conjiciert οὐδεὶς οὐδενὸς, Scheibe οὐδενὸς οὐδὲν (a. a. O. 88), Jernstedt οὐδενὸς οὐδὲν κατηγορῶ...
Alle diese Änderungen erweisen sich bei näherer Betrachtung als unnöthig. Es werden Zuschauer und Pädagogen zusammengenommen als ein Ganzes dem Angeklagten gegenübergestellt, und dadurch, dass sich die That öffentlich vollzog (IIIγ 7 οὐδὲ ἀφανὴς ἀλλὰ καὶ λίαν φανερὸς ... θάνατός ἐστιν), war sie der Beurtheilung aller unterworfen. Im folgenden kommt der Redner mit ὅ τε γὰρ ἄκων ἀποκτείνας ... auf die IIIα 1—2 aufgestellte (gerichtlich eingebrachte) Klage zurück, welche keineswegs durch den IIIγ 5—7 geführten Beweis, dass eine eventuell auf vorsätzliche Tödtung erhobene Klage mehr Glauben verdienen würde als die Aussage des Gegners, geändert oder behoben erscheint. Vgl. IIIγ 10 ὡς δὲ οὐδὲ τῆς ἁμαρτίας οὐδὲ τοῦ ἀκουσίως ἀποκτεῖναι.... ἀπολύεται.

IIIγ 10 ὡς δὲ οὐδὲ τῆς ἁμαρτίας οὐδὲ τοῦ (Sauppe; τοῦδε τοῦ N Apr.; τοῦδε τῶ A corr.[2]) ἀκουσίως ἀποκτεῖναι, ἐξ ὧν αὐτοὶ λέγουσιν, ἀπολύεται, ἀλλὰ κοινὰ ἀμφότερα ταῦτα ἀμφοῖν αὐτοῖν ἐστί, δηλώσω. Fuhr (animadv. in or. Att. diss. Bon. 1877, 26) und Jernstedt glauben die Worte ἐξ ὧν αὐτοὶ λέγουσιν, welche in den Handschriften vor ἀπολύεται stehen, vor δηλώσω setzen zu müssen. In meiner Übersetzung der Tetralogien habe ich mich von derselben Ansicht leiten lassen (vgl. a. a. O. 20). Weidner hält diese Umstellung für unnöthig (Phil. Anz. 9, 101), ich gegenwärtig sogar für verfehlt.
Gemäß dieser Wortstellung hat es den Anschein, als ob in dem Vorwurfe der ἁμαρτία und des ἀκουσίως ἀποκτεῖναι eine neue Klage zu den früheren hinzugefügt werden sollte, während, wie aus dem folgenden ersichtlich ist, jene alte Klage auf unabsichtlich verschuldeten Mord (IIIα 1—2; β 3, 6; γ 5 ff.; δ 7 ff.) nur durch ein neues Argument, das die vom Vertheidiger selbst gegebene, von dem Kläger allerdings wiederholt bestrittene Darstellung (IIIγ 6 ff., α 1) des Sachverhaltes (IIIβ 3 ff., 7 ff.) zur Voraussetzung hat, unterstützt und begründet werden soll. Die Worte bedeuten: „Ich will ferner zeigen, dass der Jüngling von der ἁμαρτία und dem Vorwurfe der unvorsätzlichen Tödtung selbst nicht nach der eigenen Darstellung des Vertheidigers freigesprochen werden kann, sondern dass auf Grund derselben der Vorwurf der ἁμαρτία einen jeden von beiden treffen müsse.“

Diesem Gedanken, der sich durch den Zusammenhang und die Reihenfolge mit Nothwendigkeit ergibt, trägt die durch die Überlieferung gebotene Wortstellung vollkommen Rechnung. Diese wird überdies durch die Worte gerechtfertigt, welche III γ 11 den Epilog einleiten und sich zugleich an den unmittelbar vorangegangenen Beweis durch die nochmalige Wiederholung der aus demselben gezogenen Folgerung anschließen ἐκ δὲ τῆς αὐτῶν τῶν ἀπολυγουμένων ἀπολογίας μετόχου τοῦ μειρακίου τοῦ φόνου ὄντος... Denn ἐκ δὲ τῆς... ἀπολογίας (γ 11) entspricht obigem Relativsatze ἐξ ὧν αὐτοὶ λέγουσιν (γ 10) und μετόχου τοῦ μειρακίου τοῦ φόνου ὄντος (γ 11) den Worten ὡς δὲ οὐδὲ τῆς ἁμαρτίας... ἀποκτεῖναι.

δηλώσω ist nach Analogie von διδάσκειν (II β 9, γ 6; III δ 6; IV δ 6; V 8) mit vorausgeschicktem Objectsatze construiert. Die gewöhnliche Verbindung ist die mit dem praed. Particip. Vgl. II δ 8, 10; III δ 5 (vgl. II γ 8, V 3, 70).

III δ 2 ἐγὼ δέ, εἰ μέν τι ψεῦδος εἴρηκα, ὁμολογῶ καὶ τὰ ὀρθῶς εἰρημένα προσδιαβάλλειν ἄδικα εἶναι. codd.

A. Bohlmanns Conjectur ἄξια εἶναι (a. a. O. 18) ist zu verwerfen. Sie geht, wie auch die von Bohlmann allen Herausgebern (Reiske ausgenommen) unterschobene Deutung des Infinitivs εἶναι (= ἐξεῖναι ὑμῖν) lehrt, von der Voraussetzung aus, dass εἶναι von ὁμολογῶ abhängig sei, während es in Wirklichkeit unter Anticipation der Worte τὰ ὀρθῶς εἰρημένα mit ἄδικα auf προσδιαβάλλειν zurückzuführen ist. Der Redner will sagen: „Wenn ich eine Unwahrheit gesprochen habe, so mag man (meinetwegen) auch alles (andere) richtig Gesagte als ungerecht, d. i. als falsch und unwahr, bezeichnen" (vgl. m. Übers. d. Tetral. 21).

Reiske (Ind. Graec. s. v. προσδιαβάλλειν) hat im ganzen richtig jenes Satzganze mit den Worten „profiteor me aequo animo esse passurum, ut pro falsis, perperam et improbe dictis etiam ea habeantur, si quae vera, recta et aequa in reliqua oratione mea dixero" umschrieben.

Bohlmanns Einwand, es sei diese Übersetzung nicht in jenen Worten enthalten, trifft nach dem, was oben gesagt wurde, nicht zu. me aequo animo esse passurum hängt nicht in der Luft, sondern ist durch ὁμολογῶ bedingt. Wenn wir etwas an jener Übersetzung bemängeln, so ist dies der Satz „si quae vera... in reliqua oratione mea dixero", der zur Voraussetzung hat, als ob der Ausdruck τὰ ὀρθῶς εἰρημένα eine Deutung auf den übrigen, noch ungesprochenen Theil der gegenwärtigen, letzten Vertheidigungsrede zuließe.

Das unmittelbar Vorangehende εἰ μέν τι ψεῦδος εἴρηκα (δ 2) und der δ 1 dem Kläger vom Redner gemachte Vorwurf, seine (erste) Vertheidigung nicht verstanden zu haben, beweisen zur Genüge, dass in jenen Worten ein Hinweis auf seine erste Vertheidigungsrede, wie in δ 1 und 2 als ganzem die Antwort auf die γ 1—5 von dem Gegner gemachten Bemerkungen zu suchen ist.

Die Überlieferung ist fehlerlos und entspricht dem Streben Antiphons nach Kürze und Markierung der Gedanken in Form von Gegensätzen. προσδιαβάλλειν steht brachylogisch für προσσιαβάλλειν καὶ λέγειν („ich gestehe zu, dass man auch das richtig Gesagte verleumde und sage, dass es ungerecht sei"). Das einfache λέγειν würde nicht jenes Gewicht haben, welches dem verb. προσδιαβάλλειν zukommt.

Die Voranstellung des Objectes τὰ ὀρθῶς εἰρημένα als desjenigen Satztheiles, auf welchem der Nachdruck liegt, entspricht der Gewohnheit Antiphons. Vgl. IIβ6, γ8; VI2 u. s. w. Vgl. Ph. Both de Ant. et Thucyd. gen. dic. 42—43, und dens. De Ant. Rh. tetral. 15. Durch die Conjectur Ad. Bohlmanns würde nicht nur der Gegensatz zwischen τὰ ὀρθῶς εἰρημένα und ἄδικα εἶναι schwinden, es würden auch die Beziehungen zu dem zweiten Theile der antithetisch gebauten Rede (εἰ δὲ ἀληθῆ μέν, λεπτὰ δέ καὶ ἀκριβῆ, οὐκ ἐγὼ ὁ λέγων ἀλλ' ὁ πράξας τὴν ἀπέχθειαν αὐτῶν δίκαιος φέρεσθαί ἐστι), welche neben den Antithesen in εἰ μέν τι ψεῦδος εἴρηκα und εἰ δὲ ἀληθῆ auch zwischen ἄδικα εἶναι und δίκαιος φέρεσθαί ἐστι obwalten, verloren gehen.

IIIδ 4 σχετλιάζει δὲ κακῶς ἀκούειν φάσκων τὸν παῖδα.

Jernstedt (a. a. O. 16) will für κακῶς ἀκούειν die Worte ἀνόσι' ἄν πάσχειν einsetzen. Vgl. IIIγ 11 ἀνόσι' ἄν πάθοιμεν. Ich zweifle, ob von einem πάσχειν des todten Knaben die Rede sein kann. IIIγ 11 war dies möglich, weil in der mit Pathos gesprochenen Stelle Vater und Kind in eines verwoben werden. Anderseits hören wir, dass bei den Griechen der Selbstmord eine Art Atimie, den Verlust der gewöhnlichen Todtenehren zur Folge hatte und der Name des Selbstmörders in Bann und Acht erklärt wurde. Vgl. K. Fr. Hermann, Gr. Alterth. III, § 61, n. 25, 27, 28; Iwan Müller, Handb. d. kl. Alterth. IV, 1, 464 a. Dieser allgemeinen Anschauung gibt die Überlieferung mit den Worten κακῶς ἀκούειν Ausdruck, da der Knabe, wenn er des Selbstmordes überführt wurde, in der That in seiner τιμή beeinträchtigt erscheint. Das Wörtchen φάσκων kann aber (im Hinblicke auf IIIγ 11) noch kein genügender Grund zu jener Änderung sein, da hier nicht so sehr die Wiedergabe derselben Worte als desselben Gedankens in Betracht kommt. Vgl. IIβ5 mit IIα4; γ8 mit β 10; δ4 mit γ2; δ 10 mit γ8 (α2, 9); δ 11 mit γ9; IIIγ5 mit β3, 5; γ7 mit β9; IVγ 4 mit β 6. Allerdings lässt sich nicht leugnen, dass bei Hinweisungen eines Redners auf die Worte des anderen mit φησί, φασί, λέγει u. s. w., wie auch in anderen Fällen, die Wiederholung derselben Worte, insbesondere derer, auf denen der Nachdruck gelegen ist, nicht zu den Seltenheiten gehört. Vgl. IIβ3 mit α 1; β 4 mit α 5; γ 4 mit β 7; γ 7 mit β 6; δ 8 mit γ 5; δ 9 mit γ 8; IIIγ 9 mit β 10; IV γ 1 mit β 7.

Blass glaubte in der ersten Ausgabe des Ant. vor κακῶς noch das Adverb. ἀδίκως einschieben zu müssen. Gegen diese bereits von Jernstedt (a. a. O. 16) und Reutzel (a. a. O. 66) angefochtene Ergänzung möchte ich vor allem den Umstand geltend machen, dass nicht die Berechtigung dieser Klage (κακῶς ἀκούειν ... τὸν παῖδα), sondern deren Voraussetzung (εἰ μήτε ἀκοντίσας μήτ' ἐπινοήσας ... ἀποδείκνυται) im folgenden bestritten wird (καὶ οὐ προς τὰ λεγόμενα ἀπολογεῖται. οὐ γὰρ ἀκοντίσαι..., vgl. δ 1 τοῦτον μὲν ... μὴ μαθεῖν τὴν ἀπολογίαν μου): wird doch auch weiter unten der Nachweis versucht, dass der Knabe wirklich αὐθέντης sei (vgl. δ 9, 10).

IV α 2 ὅστις οὖν τούτων ὑπὸ τοῦ θεοῦ ἀξιωθέντος (N, Apr. ἀξιωθέντων A corr.[1]) τοῦ βίου ἡμῶν ἀνόμως τινὰ ἀποκτείνει codd. Wenn irgendwo die Überlieferung mit Unrecht verdächtigt worden ist, so ist dies hier geschehen. Blass schreibt τῶν — ἀξιωθέντων, und Sauppe glaubt sogar (quaest. Ant. 15) mit Baiter, Briegleb (a. a. O. 6—7) und A. Bohlmann (a. a. O. 19) τοῦ βίου streichen zu müssen.

Es gibt wohl wenige Schriftsteller, die uns bei der Beurtheilung des Sprachgebrauches und der Bedeutung der einzelnen Stellen hinsichtlich der Überlieferung eine so grosse Vorsicht auferlegen, wie der Verfasser der Tetralogien. Wir müssen da jedes Wort, jede Verbindung und jeden Satz im Zusammenhange mit dem Ganzen ins Auge fassen, wenn wir uns nicht in ein Labyrinth von Conjecturen und Vermuthungen verlieren wollen. Der Kläger hat, wie der Zusammenhang an unserer Stelle lehrt, die Absicht, zu zeigen, dass, wie der Mord im allgemeinen, so insbesondere die Tödtung eines alten Mannes (IV α 6 εἰς ἄνδρα πρεσβύτην) die verdiente Strafe nach sich ziehen müsse, weil sich der Mörder gegen den Willen der Gottheit versündigt, die dem Menschen sofort nach seiner Erschaffung in der Gestalt der Erde und des Meeres die für seine Erhaltung nothwendigen Mittel geschaffen und zur Verfügung gestellt hat (IV α 2 τροφὰς ⟨ἐποίησέ⟩ τε καὶ παρέδωκε τὴν γῆν καὶ τὴν θάλασσαν; vgl. Zeitschr. f. d. öst. Gymn. 1884, 95), damit er nicht gezwungen sei, in Ermangelung derselben eines frühzeitigen Todes zu sterben (ἵνα μὴ σπάνει τῶν ἀναγκαίων προαποθνήσκοιμεν τῆς γηραίου τελευτῆς IV α 2).

Wer also den Menschen dieses göttlichen Geschenkes (στερόμενος ὢν ὁ θεὸς ἔδωκεν αὐτῷ IV α 3) beraubt, frevelt gegen die Götter (ἀσεβεῖ μὲν περὶ τοὺς θεοὺς α 2), gegen die νόμιμα τῶν γεραιτέρων (α 6), zu denen sich noch die Verletzung der menschlichen Satzungen, der νόμιμα τῶν ἀνθρώπων (α 2, 6), gesellt. Der Nachdruck liegt auf diese Weise nicht, wie auch die von mir an einem anderen Orte (Zeitschr. f. d. österr. Gymn. 1884, 94) nachgewiesene Subordination des Satzes ὅτε γὰρ θεὸς... ἔφυσεν ἡμῶν (α 2) beweist, auf der Thatsache, dass wir unser Leben der Gottheit verdanken, sondern darauf, dass unser Leben von ihr durch die Erschaffung und Bestimmung der Erde und des Meeres vor einem frühzeitigen Ende geschützt ist (vgl. m. Übers. d. Tetral. 24).

Graffunder (a. a. O. 14) hat diesen Zusammenhang richtig erkannt, wenn er in der Vertheidigung der Überlieferung die fragliche Stelle mit den Worten „Si quis quem occidit, quamquam his bonis quae fruatur vita nostra (sc. hominum) digna ab ipso deo habetur, divina et humana iura conscindit" umschreibt; dagegen möchte ich seine Bemerkung apparet igitur τούτων referendum esse ad τὴν γῆν καὶ τὴν θάλασσαν et significare bona,

quorum fructum deus hominibus commisit dahin corrigieren, dass
τούτων nicht auf ein bestimmtes Wort, sondern auf den ganzen
Gedanken, der in dem vorangehenden Satze zum Ausdrucke
kommt, zu beziehen ist, auf den Gedanken, dass unser Leben
durch die Fürsorge der Gottheit gegen ein vorzeitiges Ende
gesichert sei.

IV β 4 δι' ἡμᾶς τοὺς συμβούλους διαφθαρείς.... προσέ-
βαλεν codd. Jernstedt (Ant. observ. 17) corrigiert die Überlieferung διαφθαρείς in ἐπιτρεφθείς, um die Widersprüche, welche sich, wie er
meint, aus einem Vergleiche mit dem Vorangehenden und IV γ 5
ergeben, zu beheben. Hemstege (Analecta Ant. 1892, 51) glaubt
aus demselben Grunde δι' ὑμᾶς τοὺς ⟨τοῦτο⟩ συμβουλεύσαντας
διαφθαρείς in Vorschlag bringen zu müssen. Der Widerspruch ist
aber nur scheinbar. Denn tragen nicht auch die Kläger, insofern
sie trotz der ausdrücklichen Gegenvorstellungen mehrerer Ärzte
doch den Verwundeten den Händen eines Pfuschers übergaben,
zum großen Theile die Schuld an dem Tode des Alten? Warum
hätte dies der Redner mit Schweigen übergehen sollen, wenn er
dem Kläger etwas am Zeuge flicken konnte? Deshalb blieb doch
noch immer die Hauptschuld an dem Arzte haften, welcher den
Kranken nicht besser zu behandeln · verstand. Allerdings müssen
wir auf der anderen Seite in der folgenden Rede (IV γ 5) der
leichten Conjectur Hirschigs οὐ θαυμάζω ὅτι ὑφ' ἡμῶν (Philol. 9, 733)
gegenüber der Überlieferung θαυμάζω ὅτι οὐχ ὑφ' (οὐχ om. Apr.)
den Vorrang einräumen. Vgl. IV β 1 οὐ θαυμάζω... Mit dieser
Umstellung der Negation steht auch der Gedanke der folgenden
Periode καὶ γὰρ ἂν εἰ μὴ ἐπέτρεψαμεν, ὑπ' ἀθεραπείας ἂν ἔφη
διαφθαρῆναι αὐτόν an jenem Orte im Einklange. Dadurch kommt
auch καὶ („auch") vor γὰρ zur Geltung. Diese Conjunction wäre
aber überflüssig, wenn nicht unverständlich, wenn wir mit Hemstege
(a. a. O. 54) auch Apr. die Negation οὐχ überhaupt ausscheiden
würden.

„Es darf uns nicht Wunder nehmen", ist der Sinn, „wenn
uns der Angeklagte, weil wir den Verwundeten dem Arzte übergeben haben, den Vorwurf macht, dass dieser durch unser Verschulden gestorben sei (vgl. IV β 4); denn hätten wir dies nicht
gethan, so würde er wieder sagen, dass jener aus Mangel an Pflege
durch unser Verschulden gestorben sei."

Es ist daher kein Grund vorhanden, mit Jernstedt zu einer
gekünstelten Ironie unsere Zuflucht zu nehmen (vgl. m. Übers.
d. Tetral. 291).

IV β 5 ἐγὼ μὲν οὖν πῶς ἂν ἐπεβούλευσά τι αὐτῷ, ὅ τι μὴ καὶ
ἐπεβουλεύθην ὑπ' αὐτοῦ; so lesen wir bei Blass und Jernstedt.
Die Codices überliefern ἐγὼ μὲν... ἐπιβουλεύσαιμι αὐτῷ, εἰ
μὴ καὶ...

Die beiden Herausgeber haben alle scheinbaren Verbesse-
rungen, die an der Überlieferung vorgenommen wurden, in den

i ext aufgenommen. Kayser conjicierte für ἐπιβουλεύσαιμι — ἐπε-
βου'λευσα (Rhein. Mus. 12, 332), Schöll (Neue Jahrb. 103, 305)
statt des von Blass (ed. I) für εἰ μή vorgeschlagenen δ ιώη — ὅτι μή,
und Weidner schob schließlich vor αὐτῷ das Pronomen τι ein.
Nach diesen Conjecturen hat es den Anschein, als ob es dem
Redner darum zu thun wäre, den Nachweis zu führen, dass er in
irgend einer Weise dem Alten nachgestellt habe, in einer anderen
nicht. Das war aber nicht der Fall. Der Redner hatte vielmehr
zu zeigen, dass er, wie das Vorhergehende und Nachfolgende lehrt,
überhaupt nicht ἐπεβούλευσε, daher nicht der Mörder sei. Vgl.
IV β 5 τὸν γὰρ ἐπιβουλεύσαντα κελεύει φονέα εἶναι; β 6 ἀπολυόμενος
δὲ... οὐδενὶ τρόπῳ φονεὺς αὐτοῦ εἰμί. Die Überlieferung allein
gibt den gewünschten Sinn (vgl. m. Übers. d. Tetral. 27). An der
Spitze des Beweises (IV β 5), welcher die Nichtberechtigung der
Klage und der Berufung auf das Gesetz darlegen soll, steht eine
rhetorische Frage mit negativem Sinne.

„Wie soll ich ihm demnach nach dem Leben getrachtet
haben, wenn dies nicht auch von seiner Seite geschehen ist, d. h.
nicht auch zugegeben wird, dass es geschehen ist?" „Denn", heißt
es in der folgenden Begründung weiter, „da ich mich mit denselben Mitteln zur Wehre setzte (vgl. β 2, γ 3) und in derselben
Weise handelte, in der ich angegriffen wurde, so ist es klar, dass,
wenn gegen mich eine βούλευσις dem Todten gegenüber geltend
gemacht wird, derselbe Vorwurf auch diesem von mir gemacht
werden kann" (β 5). Vgl. β 6 εἰ δ' ἀβουλίᾳ τινί (sc. τέθνηκεν),
τῇ ἑαυτοῦ ἀβουλίᾳ διέφθαρται· οὐ γὰρ εὖ φρονῶν ἔτυπτέ με.

Die Charakterisierung seiner Handlungsweise mit τοῖς γὰρ
αὐτοῖς ἀμυνόμενος αὐτὸν und τὰ αὐτὰ ὁρῶν ἅπερ ἔπασχον (β 5),
eine Wiederholung der bereits β 2 gegebenen Argumente, beleuchtet
treffend die Grundlosigkeit jener Klage, da der Redner mit größerer
Berechtigung vom Alten sagen konnte, es habe dieser ihm nach
dem Leben getrachtet, weil er der Angegriffene war, als dies bezüglich seiner gesagt werden kann. Vgl. β 1, 2, 6.

Kayser schrieb ἐπεβούλευσα unter Berufung auf IIγ 3, Blass
verweist auf IV δ 5. Ich halte die Änderung für überflüssig; denn
1. ist ἐπιβουλεύσαιμι als Opt. potent. der Vergangenheit statthaft
(vgl. Kühner Gr. Gr. II, 1, § 396; G. Herm. de part. ἄν IV 167
bis 169, Maetzner a. a. O. 189); 2. ist die von Kayser angezogene
Stelle IIγ 3 wohl der unserigen ähnlich, steht aber mit ihr in
keinem inhaltlichen Zusammenhange, um eine Änderung für ge-
boten zu erachten (IIγ 7). IV δ 5 τὸν δὲ θάνατον πῶς ἂν ἐπεβού-
λευσεν ist von der ἐπιβούλευσις in bestimmter Beziehung nach den
γ 4 gegebenen Definitionen die Rede (vgl. IV β 7).

IV β 7 ἀποστεροῦντες δέ με (N, μου A) τοῦ βίου ὃν Ἰ ...ος
παρέδωκέ μοι...

A. Bohlmann (a. a. O. 20) conjiciert unter Zuhilfenah... der
Lesart in A ἀποστ. δέ μου τὸν βίον. Ich weiß nicht, ob wir
einem Schreibfehler zu Liebe die in A und N übereinstimmende
Überlieferung τοῦ βίου in τὸν βίον umändern dürfen, bloß zu dem

2*

Zwecke, um dadurch eine seltene Construction zu gewinnen. Dass wir in μου einen Schreibfehler vor uns haben, beweist die Thatsache, dass Antiphon die Construction von ἀποστερεῖν τινός τι gar nicht kennt. Ant. construiert ἀποστ. fast durchwegs mit τινά τινος: vgl. IV α 6, V 62 zweim. 78, VI 5. Dieselbe Verbindung tritt uns im Passiv. entgegen; vgl. II β 9, III γ 4, IV δ 1, IV α 3 (στερόμενος ὤν), V 13 (στέρεσθαι τῆσδε τῆς πόλεως). Und nur vereinzelt finden wir die Verbindung mit τινά τι (III γ 2, V 96, V 13?), bloßem τί (V 35) und dem Infinitiv (II δ 1). Vgl. Fr. L. Van Cleef, Index Ant. 1895, S. 20.

Einunddreißigster Jahresbericht

des

k. k. Staatsgymnasiums

im

III. Bezirke Wiens

für das Schuljahr 1899/1900.

—•—

Inhalt:

Wien.

Verlag des k. k. Staatsgymnasiums im III. Bezirke.

1900.

Druck von Carl Gerold's Sohn in Wien.

Neue Antiphon-Studien.

II. Theil.

Von

Dr. Josef Kohm.

Diese Arbeit bildet die Fortsetzung der im Jahre 1899 veröffentlichten *Antiphon-Studien* (Programm, k. k. Staatsgymnasium Wien, III. Bezirk).

IV *β* 7 Jernstedt bemerkt zu den Worten ἀνοσίως δ' ἀποκτεῖναι ὑμᾶς με πείϑοντες καὶ τῆς ὑμετέρας εὐσεβείας αὐτοὶ φονεῖς εἰσί in seiner Ausgabe unter Strich „sola spongia digna arbitror" und setzt den ganzen Satz in Klammer. Dies mag vermuthlich deshalb geschehen sein, weil ihm die Ausdrucksweise τῆς ὑμετέρας εὐσεβείας αὐτοὶ φονεῖς εἰσί einen zu starken sophistischen oder poetischen Anstrich hat. Vgl. Jernstedt a. a. O. 18; Reiske a. a. O. 7, 691; Blass, Attische Bered. I², 130.

Ich kann in dem jenen Worten, entsprechend der von mir an einer anderen Stelle nachgewiesenen Bedeutung von εὐσέβεια (vgl. Wien. Stud. 1886, 42 fgd.), zugrunde liegenden Gedanken („ihr handelt wider euere Pflicht") nichts Sophistisches erblicken; man müsste dies denn in dem ungewöhnlichen Gebrauche des Wortes φονῆς — so ist gegenüber der Überlieferung zu schreiben — und in der Wiederholung dieses dem vorangegangenen Satze entnommenen Substantivums suchen. Dabei hat man· jedoch zu bedenken, dass sich dem Redner dasselbe Wort, welches er soeben in seiner eigentlichen Bedeutung (φονῆς τε μου γίγνονται) gebraucht hatte, bei dem Streben, die Antithese auch äußerlich kenntlich zu machen, im Flusse der Rede von selbst aufs neue aufdrängen musste.

Der kühne Tropus aber, wenn wir ihn auch nicht, wie Franke (Neue Jahrb. 28, 79; Pahle, Ant. or. 5—6) verlangt, mit einer classischen Parallelstelle belegen können, ist bei dem Pathos und Schwunge, welcher zumeist am Schlusse dieser Reden herrscht, nicht unerklärlich. Stehen doch solche Erscheinungen in den Tetralogien nicht vereinzelt da. Vgl. II *β* 13 τὴν ἀτυχίαν μου ἰατροὺς γενέσϑαι αὐτῆς; δ 11 αἰδεῖσϑαι τὴν τῶν μηδὲν ἀδικούντων εὐσέβειαν; III *β* 12 τήν τε οὖν εὐσέβειαν τούτων τῶν πραχϑέντων ... αἰδούμενοι; II δ 12 ἀνίατος γὰρ ἡ μετάνοια; III *β* 10 ζᾶν τε κατορυχϑήσομαι; *γ* 12 ζῶντες κατορωρύγμεϑα; *γ* 11 οἱ ϑανατώσαντες ἡμᾶς; IV α 1 τροφέας .. τὴν γῆν καὶ τὴν ϑάλασσαν; 7 τὴν βουλεύσασαν ψυχήν; *β* 1 χειρῶν ἀδίκων; *γ* 1 ζῶν τε καὶ βλέπων; 2 ἀκμὴ τῆς ῥώμης;

3 ἀκμαζούσῃ τῇ ῥώμῃ τῶν χειρῶν. Vgl. Blass,
167, 174 n. 1, 186 n. 5, 192 n. 4, 202; Pah
10—11; Hoppe, Ant. spec. 1874, 48—49. Ic
Maetzners (a. a. O. 189), der zu dieser Stelle b
dictum esse non nego, plus quam sophisticu
dederim". Es verdient daher Blass' Verbesser
⟨αἴτιοι ὄντες⟩ αὐτοί, den dieser von Frankes
turen (ἀσεβείας αἴτιοί εἰσι) verleitet, in der
geschlagen hatte, keine ernste Beachtung. Bl
seiner zweiten Antiphon-Ausgabe fallen gelass
So wenig also die angegebenen Einwänd
ist es doch, scheint es, auffallend, dass sich c
gung des Redners nicht ein analoges ἔγκλημα
überstellen lässt, wie wir nach β 7 τοὺς κατηγ
οἷς ἐγκαλοῦσιν ἐνόχους αὐτοὺς ὄντας ἀποδεῖξαι
μὲν ... ἀσεβοῦσιν (IV β 7) entspricht α 2 ἀσεβε
und ἀδίκως δὲ ... γίγνονται (β 7) den Worten
τῶν ἀνθρώπων (α 2). Allein wenn der Redner
die Kläger vorzubringen vermag, so kann di
schaden, umsomehr als ein solcher Vorwurf mi
ausgeschlossen erscheint. Überdies tritt dies
Schlusse umso kräftiger hervor, nicht nur desh
der Redner direct an die Richter wendet, so
Widerspruch zwischen dem Verhalten der G
geblichen Grundsätzen aufgedeckt wird (α 4).
hang von Καθαρῷ μὲν .. φονῆς εἰσι mit der n
δεῖξαι gemachten Propositio und der Hinwei
Pahle (Ant. or. 6) entgangen zu sein, als e
Concinnität in jene Sätze zu bringen, conjicier
τῆς αἰτίας ὄντι φόνου ἐπικαλοῦντες τὰ νόμιμα
ροῦντες δέ με τοῦ βίου ὃν ὁ θεὸς παρέδωκέ μο
βοῦσιν· ἀδίκως δὲ θάνατον ἐπιβ. φονεῖς μου
δ' ... ἀσεβείας αἴτιοι εἰσί.
Von denselben Anschauungen scheint Ig
bis 163) geleitet gewesen zu sein, als er theil
an Pahle und Blass die dreigliederige Periode
zu reconstruieren suchte: καθαρῷ μέν μοι τ
ἐπιβουλεύοντες τά τε νόμιμα συγχέουσι φονεῖς
ἀποστεροῦντες δέ με τοῦ βίου ὃν ὁ θεὸς παρέδω
ἀσεβοῦσιν. ἀδίκως δὲ θάνατον ἐπιβουλεύοντες, ἀ
ὑμᾶς με πείθοντες καὶ τῆς ὑμετέρας ἀσεβείας ⟨
φονεῖς εἰσί.
Die Haltlosigkeit dieser Umstellungen ur
sich insbesondere darin, dass in umgekehrter
durch α 2 gefordert wird, die menschlichen
lichen vorangestellt werden und φονεῖς εἰσι im
aussagt, was nicht schon durch φονεῖς τέ μου
Gliede gesagt worden wäre. Endlich bemerke i
Berufung auf V. 32 αὐτοί liest (αὐτοί codd.).
vielmehr in der Bedeutung „gleichfalls" mit
Kühner, Gr. Gr. H, 1, B 468 n. 2.

IV γ 1 Hirschig (Philol. 9, 733) liest: ⟨δι'⟩ ἃ ἐκβάλλεσθαι ἄξιός ἐστι; die codices überliefern ἃ ἐκβ. ἄξιά ἐστι. Wozu diese Änderung? frage ich. Nicht auf die Folge, welche die Rede für den Angeklagten haben sollte, sondern auf die Beschaffenheit derselben wird das Hauptgewicht gelegt. Denn die Folge konnte nur in seiner Freisprechung oder Verurtheilung bestehen (IV α 7, β 8, γ 7, δ 9), nicht aber darin, dass er, wie es an einer von Hirschig citierten Stelle bei Aischines (περὶ στεφ. 153) heißt, durch Zeichen des Beifalls oder des Missfallens von Seite der Zuhörer gestört oder unterbrochen wurde. ἐκβάλλεσθαι steht im Gegensatze zu ἀνέχεσθαι. Der Kläger wundert sich, dass die Richter solchen Reden, statt sie mit Verachtung zurückzuweisen, noch Gehör schenken können; nur aus ihrem Bestreben, die Wahrheit zu ermitteln, sei ihre Aufmerksamkeit erklärlich und verzeihlich.

Für diese Deutung spricht die weitere Ausführung des Redners, in der mit sophistischer Färbung auf den vermeintlichen Widerspruch zwischen den Worten des Gegners und dem wirklichen Sachverhalte hingewiesen wird. Vgl. τὸν γὰρ ἄνδρα ὁμολογῶν τύπτειν τὰς πληγὰς ἐξ ὧν ἀπέθανεν, αὐτὸς μὲν τοῦ τεθνηκότος οὐ φησι φονεὺς εἶναι und ἡμᾶς δὲ τοὺς τιμωροῦντας αὐτῷ ζῶν τε καὶ βλέπων φονέας αὐτοῦ φησὶν εἶναι.

Zur Charakterisierung jener Stelle mögen noch der Anfang (τοῦτόν τε οὐ θαυμάζω ἀνόσια δράσαντα ὅμοια οἷς εἴργασται λέγειν) und das Ende (θέλω δὲ καὶ τὰ ἄλλα παραπλήσια ἀπολογηθέντα τούτοις ἐπιδεῖξαι αὐτόν) dieses Paragraphen, ferner die Worte τούτῳ μὲν οὖν πρέπει καὶ ταῦτα καὶ ἔτι τούτων δεινότερα λέγειν, τοιαῦτα δεδρακότι (γ 6), mit denen die Beweisführung abgeschlossen wird, herangezogen werden.

Hinsichtlich der Bedeutung des Verb. ἐκβάλλειν (= verschmähen) vgl. Plat. Polit. II, 377 C ὧν δὲ νῦν λέγουσι τοὺς πολλοὺς (sc. μύθους) ἐκβλητέον; Krit. 46 B τοῦς δὲ λόγους ... οὐ δύναμαι νῦν ἐκβάλλειν. Vgl. Maetzner a. a. O. 190.

Ignatius (a. a. O. S. 15) schlägt die Schreibung ἐκβάλλεσθαι ⟨οὐκ⟩ ἄξιά ἐστι vor, welche mit den Worten „quae non digna erant, quae proferrentur, quae labra, ut ita dicam, superlaberentur" erklärt wird. Diese Änderung und Erklärung ist aber ebensowenig begründet als der Hinweis auf Plat. Polit. V, 473 E ὦ Σώκρατες, τοιοῦτον ἐκβέβληκας ῥῆμά τε καὶ λόγον. Denn der Redner beklagt sich nicht darüber, dass die Richter etwas Geringfügiges oder Unbedeutendes hätten hören müssen, sondern dass die Art und Weise der Vertheidigung unerträglich und unverschämt gewesen sei. Dies geht aus den oben genannten Stellen γ 1 und γ 6 zur Genüge hervor.

IV γ 3 ὅσον αἱ χεῖρες τοῦ σιδήρου οἰκειότεραι τούτῳ εἰσι, τοσούτῳ μᾶλλον φονεύς ἐστιν. A. Bohlmann (a. a. O. 20) nimmt an dem Pron. τούτῳ Anstoß, weil in jenem Relativsatze ein Gedanke von allgemeiner Bedeutung zum Ausdrucke komme. „omnibus enim αἱ χεῖρες τοῦ σιδήρου οἰκειότεραί εἰσι." So wahr diese Be-

1*

hauptung auch sein mag, so darf doch nicht übersehen werden, dass jener allgemeine Gedanke an unserer Stelle auf einen bestimmten Fall seine Anwendung findet und mit diesem zu **einem** Gedanken verschmolzen ist. Denn die hypothetische Periode εἰ δὲ ταῖς χερσὶν ἀπέκτεινε καὶ οὐ σιδήρῳ ... τοσούτῳ μᾶλλον φονεύς ἐστιν, in welche jener Relativsatz zur Begründung der Apodosis eingeflochten ist, lässt keine andere Beziehung als auf den vorliegenden Fall zu. Sie ist die Antwort auf die Worte des Gegners, mit denen er β 2 sein Vorgehen in folgender Weise entschuldigt hatte ταῖς δὲ χερσὶ τυπτόμενος ὑπ' αὐτοῦ, ταῖς χερσὶν ἅπερ ἔπασχον ἀντιδρῶν, πότερα ἂν ἠδίκουν;

IV γ 4 τοῦτον γὰρ βουλευτὴν τοῦ θανάτου φησὶ γενέσθαι. Jernstedt erklärt in seinen observ. Ant. (S. 18) das verb. φησὶ für überflüssig. In seiner Ausgabe geht er über diese Bemerkung mit Stillschweigen hinweg. Es lässt sich nicht bestreiten, dass wir, wenn wir die Worte τοῦτον ... γενέσθαι als Fortsetzung der orat. obl. (ἐτόλμησε δὲ εἰπεῖν ὡς...) auffassen, wie dies IV γ 2 der Fall ist (vgl. τὸν γὰρ ἄρξαντα... ἀποθανόντα), das verb. φησὶ entbehren können. Allein deshalb braucht dieses Wort dem Verfasser der Tetr. nicht abgesprochen zu werden, selbst dann nicht, wenn wir dieselben Worte in der vorangehenden Rede des Vertheidigers nicht klar (diserte) nachzuweisen imstande sind (vgl. IV β 5—6).

Wir wissen aus einer früheren zu III δ 4 (s. v. κακῶς ἀκούειν..) gemachten Bemerkung, dass es dem jeweiligen Redner nicht immer darum zu thun ist, die Worte, welche sein Vorgänger gesprochen, in derselben Form zu wiederholen, sondern dass er sie bisweilen nach seinem Zwecke so gestaltet, dass auch der Gedanke darunter eine dem Redner entsprechende Form annimmt. Dies ist an dieser Stelle besonders der Fall. Der Geklagte hatte nicht behauptet, dass der Anfänger φονεύς, sondern αἴτιος τοῦ θανάτου sei und dies nicht, weil er βουλευτὴς τοῦ θανάτου, ihm nach dem Leben getrachtet, sondern weil er mit der Schlägerei den Anfang gemacht habe. Vgl. ὅτι διὰ τὸν ἄρξαντα αἱ πληλαὶ γενόμεναι τοῦτον αἴτιον τοῦ θανάτου καὶ οὐκ ἐμὲ ἀποφαίνουσιν ὄντα β 6. Das letztere hatte auch der Kläger γ 2 zugestanden. Hier (γ 4) werden die Worte des Gegners nicht nur übertrieben, sondern auch entstellt. Der Angeklagte hatte alle Schuld an dem Tode des Alten auf diesen selbst geschoben, indem er darauf hinweisen konnte, dass jener die Schlägerei begonnen hatte, mochte dies nur aus Missgeschick (ἀτυχία) oder infolge seiner eigenen Unbesonnenheit (ἀβουλία) geschehen sein (vgl. β 6). Diese ἀβουλία aber, welche der Angeklagte auf den Beginn der Schlägerei angewandt wissen wollte, bezieht der Redner auf die Folge derselben, d. i. auf den hierdurch eingetretenen Tod. Statt daher zu sagen τοῦτον γὰρ ἀβουλίᾳ φησὶ ἄρξαι τῆς πληγῆς spricht er vor dem unbefangenen Zuhörer τοῦτον γὰρ βουλευτὴν τοῦ θανάτου φησὶ γενέσθαι.

Nur durch dieses Taschenspielerstückchen ist es ihm anscheinend möglich geworden, den Gegner mit seinen eigenen Waffen zu bekämpfen. Eine ähnliche Beweisführung zeigt sich uns III γ 5, verglichen mit β 3 und 5.

IV δ 3 κοινοῦ δὲ τοῦ τεκμηρίου ἡμῖν ὄντος τούτῳ τῷ παντὶ προέχομεν.

Ich bin gleich Jernstedt (a. a. O. 10) der Meinung, dass ἡμῖν aus den von ihm angegebenen Gründen zu streichen ist. Hiermit entfällt auch Blass' Conjectur, welche in der Einschiebung der Copula καὶ zwischen ὄντος und τούτῳ besteht. Ebensowenig möchte ich der von Sauppe vorgeschlagenen Umänderung τούτῳ in τούτου beipflichten. noch mit Pahle (Ant. or. 6) nach κοινοῦ δὲ das Pronomen ἐκείνου einschalten. Muss es schon befremden, dass mit ἐκείνου auf das unmittelbar vorangehende τεκμήριον hingewiesen werden soll, wo der einfache Artikel genügt (τοῦ τεκμηρίου), so kann in τούτῳ noch weniger an einen Gegensatz zu diesem τεκμήριον gedacht werden, da es nicht möglich ist, mit Pahle in τοῦτο τὸ τεκμήριον eine Beziehung auf die folgende Zeugenaussage zu suchen, nachdem die μαρτυρία überall wohl dem τεκμήριον gegenüber-, nie aber gleichgestellt oder untergeordnet wird.

Wir haben in τούτῳ einen Hinweis auf das, um was es sich vor allem handelt (vgl. δ 2), d. i. um die endgiltige Entscheidung der Frage, welcher von beiden die Schlägerei begonnen hat. (Vgl. Maetzner a. a. O. 193.)

Der Gedanke, welcher der Stelle zugrunde liegt, lässt sich in folgender Weise umschreiben: „Der vom Kläger gebrauchte Wahrscheinlichkeitsbeweis kann bezüglich des Beginnes der Schlägerei nach beiden Richtungen gedeutet werden. Nimmt man jedoch noch die Zeugenaussagen hinzu. so sind wir hierin in jeder Hinsicht vor dem Gegner im Vortheile." οἱ γὰρ μάρτυρες τοῦτόν φασιν ἄρξαι τῆς πληγῆς. Über die Dative τούτῳ und τῷ παντὶ vgl. Maetzner a. a. O. 193.

IV δ 3 καὶ τῶν ἄλλων ἁπάντων (τῶν BK.) κατηγορουμένων ἀπολύεται τῆς αἰτίας codd. Fuhrs Emendation κατηγορημένων ist zweifellos. Vgl. IV δ 9 ὡς μὲν οὐδενὶ ἔνοχος τῶν κατηγορημένων ὁ διωκόμενός ἐστιν; II β 10 ἃ κατηγόρηταί μου; δ 10 πάντων δὲ τῶν κατηγορηθέντων; V 7 περὶ δὲ τῶν κατηγορημένων. Dagegen ist die überlieferte Wortstellung ἁπάντων ⟨τῶν⟩ κατηγ. nicht aufzugeben und mit Jernstedt (a. a. O. 19) κατηγ. ἁπάντων zu schreiben. Vgl. II δ 10. Jernstedt conjiciert des weiteren ἀπολυόμεθα für ἀπολύεται. Der Plural προέχομεν (IV δ 3), der zu diesem Zwecke von Jernstedt zur Vergleichung herangezogen wird, ist im Munde des Vertheidigers und Freundes des Angeklagen berechtigt (vgl. ἡμῖν δὲ τοῖς φίλοις..., ἡμῖν, οἷς μέγ. IV δ 1). ἀπολυόμεθα ist zwar nicht unmöglich, wenn wir uns den Vertheidiger mit seinem Clienten als eins denken wollen, setzt aber ein gewisses Pathos des Redners voraus (vgl. III β 8, 9, 11; δ 10, γ 9, 11), von dem an dieser Stelle, wie in der ganzen Rede nur wenig zu merken ist. Die Änderung scheint mir nicht nothwendig zu sein, zumal der Zuhörer bezüglich der Wahl des in ἀπολύεται liegenden Subjectes gar nicht im Zweifel sein konnte. Vgl. IV δ 2 τοῦτον τὸν ἄρξαντά φησιν εἶναι; 6 ὡς δὲ ... ἠμύνετο; 7 εἰ δὲ ... ἠμύνετο.

IV δ 5 bieten A und die Vulgata die Lesart καὶ τῆς ἑαυτοῦ
καὶ τῆς ἐκείνου ἁμαρτίας ⟨αἴτιος ὢν⟩ δίκαιος φονεὺς εἶναί ἐστιν.
αἴτιος ὢν add. Mtzr.

Ich erkläre mich mit Jernstedt (Ant. or. ed.
XXXIV) voll-
kommen einverstanden, wenn er die Worte καὶ τῆς ἑαυτοῦ, welche
in N fehlen, als am unrechten Orte stehend bezeichnet, kann aber
nicht glauben, dass sie durch einen glücklichen Zufall ausgefallen
sind, da sie deutlich den Interpolator in N verrathen (vgl. Bien-
wald, De Crippsiano et Ox. ... codd. 1889, 17). Denn von einer
ἁμαρτία dessen, welcher διὰ τὴν ἑαυτοῦ ἀκολασίαν πάντα δρῶν καὶ
πάσχων (δ 5), ὑβρίζων καὶ παροινῶν πάντ' ἔδρα καὶ οὐδὲν ἠμύνετο
(δ 6), ἑκουσίως πάντα δράσας (δ 8), ist in δ nicht die Rede und kann
nicht die Rede sein. Vielmehr soll an vorliegender Stelle (δ 5) nachgewiesen werden, dass die Verantwortlichkeit für τὸ ἁμάρτημα,
welches allenfalls dem Jünglinge noch vorgeworfen werden konnte,
nur der Alte zu tragen habe. Dieser Gedanke kommt nur durch
die Lesart des cod. N. zum Ausdrucke. Graffunder, der es sich
zur Aufgabe gemacht zu haben scheint, den cod. A, in dem er
die Grundlage für die Textgestaltung erblickt, in jeder Richtung
gegen N in Schutz zu nehmen, sieht sich, um unsere Stelle für A
zu retten, zu der sonderbaren Erklärung veranlasst (a. a. O. 18)
„Nec aliter vix carere possumus IV δ 5 verbis καὶ τῆς ἑαυτοῦ
propter ipsam gravitatem in illis sitam, quamquam libenter
concedo, sine illis sententiam aliquo modo plenam esse". In jenen
Worten soll gravitas liegen und doch der Gedanke darunter leiden!
Jernstedt schreibt (a. a. O. 19) statt des von Maetzner vorgeschlagenen αἴτιος ὢν — αἴτιος γενόμενος (vgl. IV γ 2, III γ 10).
Dass auch αἴτιος ὢν möglich ist, bezeugt IV β 6 τοῦτον αἴτιον...
ὄντα; III δ 10.

V 2 οὐ μὲν γάρ με ἔδει κακοπαθεῖν τῷ σώματι μετὰ τῆς αἰτίας
τῆς οὐ προσηκούσης, ἐνταυθοῖ οὐδέν με ὠφέλησεν ἡ ἐμπειρία. codd.
Graffunder (a. a. O. 56—57) liest: ἐνταυθοῖ οὐδέν με ὠφέλησεν
⟨ἂν⟩ ἡ ἐμπειρία. Dies ist, wie ich überzeugt bin — und ich habe
diese Überzeugung unabhängig von Graffunder gewonnen —, die
einzig mögliche Schreibung (ἀπειρία: Sauppe, Quaest. Ant. 16),
wollen wir nicht Ant. nach der Überlieferung einen Gedanken
unterschieben, welcher der Dialectik des Redners nicht sonderlich
zur Ehre gereichen würde. In dem Satze ἐνταυθοῖ — ἐμπειρία wird
ein ἂν vermisst, mögen wir dies nach οὐδὲν oder nach ὠφέλησεν
einschieben. Mit der von Graff. gegebenen Begründung kann ich
mich jedoch nicht einverstanden erklären. Eine Steigerung der
Gedanken von der Art, dass dem Redner sogar (atque etiam in
carcere omnino non potuisset auxilium afferre) die ἐμπειρία im
Kerker nichts hätte nützen können, selbst wenn er sie besaß
(etiamsi habuissem), kann ich in den Worten nicht finden; denn
in dem Kerker konnte er von der ἐμπειρία überhaupt keine Hilfe
erwarten.

Graff. hat den Zusammenhang mit dem zweiten Theile der
Periode (οὐ δέ με δεῖ σωθῆναι ... ἀδυναμία) nicht beachtet und
nicht bedacht, dass die griechischen Redner mit Vorliebe zwei

Gedanken parataktisch nebeneinander stellen, statt sie nach den Gesetzen der Logik in das Verhältnis der Über- und Unterordnung zu bringen. Der Redner spricht im Beginne seiner Rede den Wunsch aus, dass er in seinem großen Unglücke die Gewalt der Rede und die Kenntnis im Processverfahren besitzen möchte. Denn diese *ἐμπειρία* würde, falls sie auch im Kerker keinen Nutzen gebracht hätte, doch vor Gericht seine Rettung gewesen sein; statt dessen *βλάπτει ἡ τοῦ λέγειν ἀδυναμία*. Dies ist zugleich der Sinn der ersten zwei Paragraphen dieser Rede. Eine andere Deutung scheint mir gesucht, wenn nicht unmöglich zu sein. Vgl. Spengel, Rh. M. 17, 177; A. Bohlmann, Ant. de caed. Her. or. Liegn. 1886, 232.

V 3 *πολλοὶ μὲν γὰρ* (N) *ἤδη τῶν οὐ δυναμένων λέγειν ἄπιστοι γενόμενοι τοῖς ἀληθέσιν, αὐτοῖς τούτοις ἀπώλοντο, οὐ δυνάμενοι δηλῶσαι αὐτά· πολλοὶ δὲ τῶν λέγειν (δυναμένων* A corr.[2]) *πιστοὶ γενόμενοι τῷ ψεύδεσθαι, τούτῳ ἐσώθησαν, διότι ἐψεύσαντο.* codd. Dobree (advers. 1874, 148) unterzieht die Überlieferung einer strengen Kritik. *οὐ δυνάμενοι δηλῶσαι αὐτά* und *διότι ἐψεύσαντο* werden getilgt. Jernstedt und Herwerden sind seinem Beispiele gefolgt. Infolge dieser Änderung konnte auch *τοῖς ἀληθέσιν, αὐτοῖς τούτοις* nicht mehr standhalten und musste den Conjecturen *τῷ ἀληθεύειν* (Taylor) und *αὐτῷ τούτῳ* (Dobree) weichen.

Herwerden glaubte noch ein übriges thun und ⟨*αὐτῷ*⟩ *τούτῳ ἐσώθησαν* in Vorschlag bringen zu müssen, obwohl dies bereits Baiter gethan hat.

Allen diesen Veränderungen fehlt nach meinem Dafürhalten jede Berechtigung. Wir können die von Dobree beanständeten Worte nicht entbehren. Sie bilden zwei sich entsprechende Theile der zweigliedrigen Periode und gehören zum Ganzen (vgl. Spengel, Rh. Mus. 17, 177). Denn nicht die Wahrheit an sich ist es, weshalb ein Mensch keinen Glauben findet und seine Sachen vor Gericht gefährdet; ihm fehlt die nothwendige Beredsamkeit (*τῶν οὐ δυναμένων λέγειν*, V 2, vgl. 1), die es ihm möglich machen würde, diese in der gewünschten Weise zur Darstellung zu bringen (*οὐ δυνάμενοι δηλῶσαι αὐτά*) und ihr dadurch zum Siege zu verhelfen.

Ebenso findet ein gewandter Redner nicht deshalb Glauben, weil er lügt, sondern weil er seine unwahre Aussage in eine gefällige, gewinnende Form zu kleiden versteht. *τῷ ψεύδεσθαι* und *διότε ἐψεύσαντο* können sich daher nicht vollständig decken; es wäre dies eine unerträgliche Tautologie. Der zweite Gedanke *διότι ἐψ.* specificiert den ersten. Blass hat dies zuerst erkannt; seine Schreibung *διότι* ⟨*εὖ*⟩ *ἐψεύσαντο* beweist es. Indes will mir die Art der Ergänzung nicht gefallen; denn *εὖ* charakterisiert eine Thätigkeit oder einen Zustand von der Beschaffenheit, die man von ihnen verlangt. Man kann diese Bedeutung aus den Verbindungen mit den Verben *εἰδέναι* (I 7. 8, 11, 13, 28; V 52; VI 24 u. s. w.), *εἰκάζειν* (V 65, 66), *γνῶναι* (V 72), *βουλεύεσθαι* (V 71, 94), *φρονεῖν* (IV β 6) herauslesen. Dass mitunter auch *εὖ* mit den Wörtchen *ὀρθῶς* (V 72), *σαφῶς* (I 6), *σάφα* (VI 18) abwechselt und *κακῶς*

(V 76, vgl. IV β 6 ἀβουλία — εὖ φρονῶν) gegenübergestellt wird, spricht für meine Anschauung. Aus diesem Grunde kann sich εὖ mit ἐψεύσαντο nicht vertragen. Welches Wort ausgefallen ist, lässt sich schwer sagen; nicht πιστῶς (vgl. III γ 4, VI 26) oder δυνατῶς?

Baiter conjiciert ⟨αὐτῷ⟩ τούτῳ ἐσώθησαν; er glaubt damit nach dem vorausgehenden αὐτοῖς τούτοις der Concinnität Rechnung tragen zu müssen. αὐτοῖς τούτοις ist erklärlich; auf ihm liegt der Nachdruck (vgl. II β 13, I 6, 11; V 38, 84, 88). Darin liegt ja das Paradoxe, dass man gerade τοῖς ἀληθέσιν Gefahr läuft. Dagegen will mir die Nothwendigkeit von ⟨αὐτῷ⟩ τούτῳ (sc. τῷ ψεύδεσθαι) ἐσώθησαν nicht einleuchten. Denn nach dem Gedanken und der Concinnität kann ⟨αὐτῷ⟩ τούτῳ nur in dem unmittelbar vorausgehenden τῷ ψεύδεσθαι seine Beziehung finden. Nun ist es aber selbstverständlich, dass man, wenn man lügt, dies zumeist in der Absicht thut, um sich aus einer Verlegenheit zu befreien. Was soll aber diese ausdrückliche Hervorhebung mit ⟨αὐτῷ⟩ τούτῳ ἐσώθησαν, wenn damit nichts Unerwartetes ausgesagt wird? Die Überlieferung ist unanfechtbar. Auch darf man nicht vergessen, dass der Hauptgedanke nicht in dem zweiten Gliede dieser parataktisch gebauten Periode (πολλοὶ δὲ — ἐψεύσαντο), sondern in dem ersten (πολλοὶ μὲν γὰρ — δηλῶσαι αὐτά) zu suchen ist.

Nach dieser Darlegung entfällt für uns auch die Nothwendigkeit, behufs Aufrechterhaltung der Überlieferung zu einer solchen künstlichen Erklärung zu greifen, wie sie Pahle (a. a. O. 7) gegeben hat. In αὐτοῖς τούτοις einen Dativ der Gemeinschaft erblicken, heißt die Gleichartigkeit der Construction in den beiden gegenüberstehenden Gedanken leugnen, nicht davon zu reden, dass die Hyperbel, es sei mit den genannten Leuten auch die Wahrheit zugrunde gegangen, auch mit der Wahrheit in Conflict geräth. Denn die Lüge kann die Wahrheit wohl momentan verdunkeln und über ihre Verfechter triumphieren, die Wahrheit selbst bleibt bestehen und kann nie zugrunde gehen, weil sie in der unzerstörbaren Wirklichkeit wurzelt.

Dass auch Antiphon keine andere Ansicht hatte, geht am besten aus der folgenden Periode ἀνάγκη οὖν, ὅταν τις ἄπειρος ᾖ τοῦ ἀγωνίζεσθαι, ἐπὶ τοῖς τῶν κατηγόρων λόγοις εἶναι μᾶλλον ἢ ἐπ’ αὐτοῖς τοῖς ἔργοις καὶ τῇ ἀληθείᾳ τῶν πραγμάτων (vgl. V 86 fgd.) hervor. Denn sie enthält im Wesen nichts, was nicht auch in der ersten Periode dieses Paragraphen gesagt worden wäre. Es wäre daher gefehlt, an eine Interpolation zu denken, da sich der Redner in einem Gemeinplatze eine derartige Fülle und Abschweifung erlauben konnte.

V 6 οὐ γὰρ μόνον τῶν λεγομένων ἀνάγκη ἐνθυμεῖσθαι codd. Herwerden (Mnemosyn. n. s. 11, 209) will τῶν λεγομένων durch ein anderes Wort, durch τῶν γενομένων (vgl. ds. Ausg. d. Ant.), τῶν λελεγμένων oder τῶν λεκτέων ersetzt wissen. Alle diese Conjecturen sind müßig. Die Überlieferung verträgt sich sehr gut mit dem Gedanken dieses Paragraphen (vgl. Wien. Stud. 1890, 165). Denn im Vorausgehenden ist weder von irgend welchen Geschehnissen noch von der Rede des Anklägers oder von dem die Rede gewesen, was der weiteren Vertheidigung des Angeklagten vorbehalten ist. Dieser hatte vor allem von seiner *ἀδυναμία τοῦ λέγειν*, dem Mangel im rhetorischen Ausdrucke, gesprochen; nur darauf kann *τῶν λεγομένων* Bezug nehmen. Denn zu dem genannten Übel gesellt sich bei dem Redner noch die **Befangenheit**, die es ihm **erschwert**, neben dem gewählten, **rechten Ausdrucke** in jedem Augenblicke auch die möglichen Folgen seiner Worte genau zu erwägen, eine Sache, die um so schwieriger ist, als die **Zukunft** in der Verborgenheit liegt und **mehr** von dem Geschicke als von unserer Voraussicht (*πρόνοια*) abhängt.

V 7 *ὅταν ἔν τινι κινδύνῳ ὦσιν.*

Die Überlieferung scheint nicht fehlerfrei zu sein. Die Antithese und **Anaphora** des unmittelbar folgenden, chiastisch angereihten Gliedes *ὅταν δ' ἄνευ κινδύνων τι διαπράσσωνται* weisen auf den Ausfall eines *μὲν* hin. Vgl. Schäfer a. a. O. 33 u. Rosenthal a. a. O. 42. Wir lesen daher *ὅταν ⟨μὲν⟩ ἔν τινι κινδύνῳ ὦσιν*. Dieselben Gründe müssen für Jernstedt maßgebend gewesen sein, als er V 54 *διάφορον ⟨μὲν⟩* schrieb, und aus dem gleichen Grunde muss V 46 *καθ' ὅ τι δ' ἂν ὑμεῖς* in *καθ' ὅ τι μὲν ἂν ὑμεῖς* umgewandelt werden. Das Verderbnis mag unter dem Einflusse des eine Zeile tiefer stehenden *καθ' ὅ τι δ' ἂν* geschehen sein. Die von Schäfer (a. a. O. 28) angegebenen Stellen V 65, 68 lassen sich damit erklären, dass *δὲ* nicht einen adversativen Gedanken einleitet, sondern den mit dem ersten *εἰ* eingeleiteten Gedanken **fortsetzt**.

I 11, 16, 19; II *α* 2; V 70, 77, 94; VI 15, 29 fehlt allerdings auch das adversative *μέν*; alle diese Stellen haben jedoch die Eigenthümlichkeit miteinander gemein, dass *δὲ* nach einem Pronomen oder nach einem Artikel zu stehen kommt, ohne dass der Gegensatz durch Wiederholung des betonten Wortes wie in der oben angegebenen Stelle besonders markiert werden würde. Ich glaube daher, dass III *γ* 3 Herwerdens Vorschlag (Mnemos. 11, 205) *ἀνοσίων ⟨μὲν⟩ ἔργων ... ὁσίων δὲ* infolge der Paronomasie der Gegensätze Beachtung verdient. Dagegen wird man VI 8, 5—6 der Antithese *ἡγοῦμαι γάρ μοι τιμὴν ... τοῖς δὲ κατηγόροις* codd. dadurch am besten gerecht, dass man, wenn auch nicht gerade *ἐμοὶ ⟨μὲν⟩*, so doch mindestens *ἐμοί* (vgl. VI 27, 29, 31, 32 u. s. w.) für die Überlieferung einsetzt.

V 21 *καὶ πρῶτον μὲν αὐτὰ ταῦτα σκοπεῖτε, ὅτι μὴ προνοίᾳ μᾶλλον ἐγίγνετο ἢ τύχῃ* codd.

Die Construction *σκοπεῖτε, ὅτι μὴ — ἐγίγνετο* ist einzig in ihrer Art. Mit der Entschuldigung Rosenthals (a. a. O 36), dass der attische Dialekt zur Zeit des Antiphon noch im Werden und an keine festen Regeln gebunden war, ist wenig geholfen. Ebenso geht es nicht an, in dem analogen Gebrauche von *σκοπεῖν* (*σκοπεῖσθαι*) mit *ὅπως μὴ* eine Erklärung unserer Stelle zu suchen. Vgl. Kühner a. a. O. II², 747. Das Imperfect. *ἐγίγνετο* und der

Gedanke lassen diese Deutung nicht zu. Denn die Richter sollen nicht überlegen, was geschehen soll, sondern die Beschaffenheit des Geschehenen einer Beurtheilung unterziehen. Maetzner schreibt ὅτι οὐ προνοίᾳ μᾶλλον —, bedenkt aber nicht, dass er dadurch mit der folgenden Begründung unseres Satzes in Widerspruch geräth. Denn welcher Sinn könnte den Worten οὐ προνοίᾳ μᾶλλαν ἐγίγνετο ἢ τύχῃ zugrunde liegen? Doch nur der, dass die in den Paragraphen 20 und 21 erzählten Ereignisse (vgl. αὐτὰ ταῦτα σκοπεῖτε) in nicht geringerem Grade mit Vorbedacht als infolge eines Zufalles eingetreten sind, ein Gedanke, den weder die ganze Beweisführung des Angeklagten (vgl. V 57) noch die Begründung (vgl. οὔτε γὰρ πείσας §§ 21—22 incl.) der in den obigen Worten liegenden Behauptung vertragen. Vgl. zu οὐ, οὐδὲν μᾶλλον ἢ III δ 5, 6; IV δ 2, 4, 9; V 23; VI 10). Derselbe Einwand muss gegen Jebbs Conjectur ὅτι ⟨οὐ τῇ ἐ⟩μῇ προνοίᾳ μᾶλλον — geltend gemacht werden. Denn dem Redner kann nichts, nicht die Mitreise des Herodes, nicht die Landung bei Methymna, nicht das Übersteigen in das bedeckte Fahrzeug in dem Sinne der Klage zur Last gelegt werden, da sich dies alles ohne sein Zuthun und seine Veranlassung (προνοίᾳ 21, ἀπὸ παρασκευῆς 22; vgl. VI 19) ereignet hat; die τύχη (21), ἀνάγκη (22) hat es verschuldet. Dem Gedanken kommt Jernstedts Vorschlag (a. a. O. 22) εἰ προνοίᾳ — sehr nahe. Hartman (Studia Antiph. 1882, 12) und Ad. Bohlmann (Antiphont. 23) gehen mit der Schreibung εἴ τι einen Schritt weiter. Als Nominativ ist τι nicht haltbar (vgl. Ad. Bohlmann, Ant. de caed. Herod. or. 32), denn dem Redner war wenig geholfen, wenn ein Ereignis (τι) und nicht die ganze Reihe der §§ 20—21 geschilderten, zusammentreffenden Handlungen eine Folge des Zufalls gewesen ist. Jenes Wörtchen ließe sich allenfalls als Accusativ („in irgend einer Beziehung") rechtfertigen. Sollte nicht statt dieser Conjecturen ὅ τι ⟨τῇ⟩ προνοίᾳ μᾶλλον ἐγίγνετο ἢ ⟨τῇ⟩ τύχῃ (vgl. V 6) allen Forderungen gerecht werden? Überlegt zunächst, inwieferne, wie so eben dies (d. i. die bisher §§ 20—21 geschilderten Ereignisse) mehr mit Bedacht als infolge des Zufalls geschehen ist." Die Gegner behaupten, dass alles προνοίᾳ erfolgt sei (vgl. V 57). Dem Redner schwebt die entgegengesetzte Behauptung als Antwort vor Augen. Sie wird, weil für ihn selbstverständlich, nicht direct ausgesprochen, sondern sofort mit οὔτε γὰρ πείσας ... begründet.

Zu ὅ τι vgl. Thukyd. I 90; Xenoph. Anab. III, 1, 40. Vgl. Kühner, Griech. Gr. II², S. 267.

V 36—38 φέρε γὰρ δὴ ποτέρῳ νῦν χρήσονται τῶν λόγων; — εἰς τὸ ἀληθὲς καταστῆναι.

§ 35 heißt es, dass es den Klägern zunächst um die erste Aussage auf der Folter zu thun war, deshalb wurde der Sclave, um die zweite Folterung in Gegenwart des Angeklagten unmöglich zu machen, beseitigt. Die Klage und Rede der Kläger fußen auch in erster Linie auf dieser Aussage. Vgl. V 26, 34, 39, 52. Wozu also die an der Spitze des bezeichneten Absatzes (§ 36) stehende rhetorische Frage und wozu das Futurum χρήσονται?

Polack (a. a. O. 41) findet zwar auch das Futurum bedenklich, meint aber, dass sich der Redner vielleicht in einer Anwandlung von Entrüstung die Zeit habe vergegenwärtigen wollen, in der die Gegner jenen Plan gefasst haben. Der Hinweis auf I 8 ist verfehlt. Dort hatte der Vertheidiger noch nicht gesprochen (vgl. I 6, 8, 21, 23); daher konnte sich auch der Kläger recht gut der Verbindung εὔορκα ἀντομωμοκὼς ἔσται bedienen, wollte er damit einen dauernden Zustand in der Zukunft zum Ausdrucke bringen. Desgleichen vermag ich in der ganzen fraglichen Stelle keine Spur einer Entrüstung zu entdecken. Es wird untersucht, welche von den beiden Aussagen einen höheren Grad der Wahrscheinlichkeit für sich habe. Sollte demnach eine Conjectur statthaft sein, so würde ich vor allem χρὴ πιστεύειν empfehlen. Vgl. II β 7; V 12, 34, 50, 52, 55, 84 (V 28) u. s. w.

Für alle Fälle ist jene Frage, beziehungsweise Untersuchung aus mehr als einem Grunde auffallend. § 36 ist der Inhalt der beiden Aussagen fixiert (ὅτ' ἔφη με εἰργάσθαι τὸ ἔργον ἢ ὅτ' οὐκ ἔφη). Das war bisher nicht geschehen. Während sich der Redner §§ 31—36 einfach darauf beschränkt, jene Aussage als wahr oder unwahr zu bezeichnen, geht er erst § 39 fgd. auf die Beurtheilung des Inhaltes und Charakters der nach der Folter gemachten Aussage ein. Vgl. 42, 49, 51. Nachdem er uns mit der wahren Gestalt derselben bekannt gemacht hat, wird sie in ihrem Verhältnis zu den Mittheilungen des Sclaven vor und nach der Folter unter nochmaliger Betonung der beide Aussagen charakterisierenden Umstände (41—42; vgl. 31—36), in ihrem Verhältnisse zu der Aussage des Freien (42) und schließlich nach ihrem Inhalte einer eingehenden Würdigung und Prüfung unterzogen. Jene fragliche Untersuchung erscheint auf diese Weise überflüssig. Sie ist auch an unrechter Stelle angebracht; denn sie beeinträchtigt den Zusammenhang inhaltlich zu einander gehöriger Gedanken.

Das § 31—36 geschilderte Verfahren der Gegner wird nämlich 36 fgd. nach drei Seiten beleuchtet. 1. Hätten die Gegner, wenn es ihnen wirklich um die Überführung des Redners zu thun war, den Sclaven nicht tödten, sondern der Gegenpartei zur Folterung übergeben sollen (36 ἐχρῆν — μὴ ἀποκτεῖναι). 2. Steht die Tödtung des Sclaven im Gegensatze zu dem sonstigen Vorgehen in ähnlichen Lagen (38 καὶ οἱ μὲν ἄλλοι — ἠφάνισαν; vgl. 34, 36), und sprechen 3. die Tödtung und Zurückweisung der Freunde gegen die Kläger (38 καὶ εἰ μὲν ἐγὼ — ᾐτιῶντο; vgl. I 11; VI 17). Der Redner begnügt sich hier damit, das Verfahren der Gegner als unklug zu bezeichnen. § 46—49 geht er einen Schritt weiter, indem er die Tödtung des Sclaven als einen Act der Willkür und Gesetzlosigkeit brandmarkt. Die Aussagen des Sclaven werden jedoch in den genannten drei zusammengehörigen Gedanken mit keinem Worte berührt.

Man wird mir daher zugeben, dass die Untersuchung über die Qualität derselben an jenem Orte nicht nur unbegründet ist, sondern sogar den Gedankenfaden zerreißt. Zu diesen Bedenken gesellen sich noch andere Schwierigkeiten in der sachlichen und sprachlichen Erklärung dieser Stelle. So ist es unwahrscheinlich, dass der Sclave in der Hoffnung auf Rettung (σωθῆναι) die Wahrheit gestanden habe (37). Denn dem Sclaven musste wohl bekannt sein, dass ein solches dem Interesse der Kläger, seiner Herren, zuwiderlaufendes Geständnis nicht geeignet war, seine Lage zu verbessern. Oder was hätte ihm in diesem Falle die Anwesenheit der Angeklagten geholfen? Der Angeklagte hätte die Tödtung ebensowenig verhindern können, als es in seiner Macht lag, einen athenischen Bürger wegen jener That gerichtlich zu belangen, er, der ein Fremder war und in Athen unter der Anklage des Mordes stand.

Im übrigen steht jene Bemerkung im directen Widerspruche mit anderen Äußerungen des Redners; denn der Sclave hat seine Äußerung auf der Folter nicht deshalb zurückgenommen, weil er noch auf Rettung hoffte, sondern weil er die Überzeugung gewonnen hatte, dass er verloren sei (vgl. V 33, 41), mochte er sich dabei von dem Gefühle der Reue (V 41) oder dem der Rache gegen seine Mörder leiten lassen. Noch eins!

Der Verbindung τοὺς δὲ προτέρους λόγους τοὺς κατεψευσμένους ἦσαν οἱ ἀφανιοῦντες 37 lässt sich durch keine Interpretationskunst ein Verständnis abgewinnen. Wir vermögen dies weder, wenn wir ἀφανίζειν in der Bedeutung von „verheimlichen oder vernichten, beseitigen" gelten lassen wollten (vgl. I 8; V 52, 56), noch wenn wir diesem Verbum die Bedeutung von „entstellen" zusprechen würden. Vgl. Dobree a. a. O. 149; Maetzner a. a. O. 220. Die Verheimlichung lag weder im Interesse noch in der Absicht der Kläger, da sie ja vor allem diese Aussage ihrer Klage zugrunde gelegt hatten. Vgl. V 31—33, 52. Die zweite Bedeutung lässt sich weder bei Antiphon (vgl. V 26, 27, 38, 45, 68; II γ 1) noch meines Wissens bei einem anderen griechischen Schriftsteller nachweisen. Selbst die Möglichkeit dieser Bedeutung zugegeben, spricht der in jenen Worten liegende Gedanke allen Gesetzen der Logik Hohn. Vgl. Ad. Bohlmann, Ant. de caed. Her. or. 37; Ignat. a. a. O. 103 „in veritatem redigi". Die Lüge ist die Negation der Wahrheit (III γ 3; V 32; VI 18), bleibt immer, ob sie jetzt größer oder geringer ist (vgl. V 39. Maetzner a. a. O. 220), Unwahrheit und kann nur widerlegt werden (vgl. V 19, VI 14). Maetzners Erklärung (vgl. a. a. O. 220), die Kläger haben es unmöglich machen wollen, dass die von ihnen entstellte Lüge (vgl. V 39) auf ihre ursprüngliche Form zurückgeführt werde, muss im Hinblicke auf die Verbindung von ἡ ἀλήθεια (τὸ ἀληθές) mit πραχθέντων (II δ 1, III β 10, γ 3; V 72; I 6, 13), auf die Parallelstellung von τὸ γεγενημένον und τὸ δίκαιον (τὰ δίκαια; vgl. V 25, 87; VI 26) und die Gegenüberstellung der Wahrscheinlichkeit (εἰκότα II β 7) als der Grundbedeutung dieses Wortes widerstreitend angesehen und daher als ausgeschlossen betrachtet werden, abgesehen davon, dass die Feststellung der ursprünglichen Form jener Aussage, wie sie V 39 auch wirklich erfolgt, für den wahren Sachverhalt und den Kläger selbst von keinem Belang ist. Wir finden es demnach auch erklärlich, dass der Redner § 39 über diesen Punkt flüchtig hinweggeht.

Die in der Verbindung τοὺς δὲ προτέρους λόγους τοὺς κατεψευσμένους ἦσαν οἱ ἀφανιοῦντες ὥστε μηδέποτε εἰς τὸ ἀληθές καταστῆναι liegende Ungereimtheit wird auf diese Weise nicht behoben, auch dann nicht, wenn wir ἦσαν οἱ ἀφανιοῦντες nach καταστῆναι lesen (vgl. Sauppe, quaest. Antiph. 17; Hartmann a. a. O. 14) und ein αὐτὸν anstückeln wollten. Vgl. Herwerden, Mnemos. 11, 212. Die auffallende Umschreibung ἦσαν οἱ ἀφανιοῦντες = ἠφάνισαν (V 38) = ἀπέκτειναν (V 34, 36) und der Gebrauch des Futurums bleiben bestehen.

Jene Leute waren jedermann bekannt und werden wiederholt genannt, es waren dies die Kläger; ebenso war die That bereits geschehen. Durch Hemsteges Vorschlag (a. a. O. 80) für ἀφανιοῦντες — βεβαιώσοντες und für καταστῆναι — μεταστῆναι einzusetzen, werden die angegebenen Schwierigkeiten und Bedenken nicht behoben. Worin soll übrigens das βεβαιοῦν der früheren Aussage bestehen? Die Antwort darauf ist uns der holländische Gelehrte schuldig geblieben. Kurz, alles drängt uns zu dem Gedanken, dass der besprochene Abschnitt unserer Rede fremd und als ein Einschiebsel einer späteren Zeit anzusehen ist.

ἐχρῆν μὲν γὰρ ... μὴ ἀποκτεῖναι (36) findet in 38 καὶ οἱ μὲν ἄλλοι ... seine Fortsetzung. Dass sich auch sonst in den Text der erhaltenen Reden des Antiphon größere Interpolationen eingeschlichen haben, ist von mir an einer anderen Stelle nachgewiesen worden. Vgl. zu IV γ 4 d. Zeitschr. f. d. österr. Gymn. 1884, S. 97 fgd. und zu VI 4—5 „Wien. Studien“ 1890, S. 182 fgd.

V 73 appelliert der Redner an das Mitleid der Richter und ruft ihre Macht an, die sie in den Stand setzt, den Unschuldigen den Klauen seiner ungerechten Gegner zu entreißen. Ich habe dem letzten Gedanken die allgemeine Fassung gegeben, in der er § 80 entwickelt wird. § 73 hat er in der Anwendung auf einen besonderen Fall eine Einschränkung erfahren. κρεῖσσον δὲ χρὴ γίγνεσθαι ἀεὶ τὸ ὑμέτερον δυνάμενον ἐμὲ δικαίως σῴζειν, ἢ τὸ ἐχθρῶν βουλόμενον ἀδίκως με ἀπολλύναι. „Euere Macht, mich δικαίως zu retten d. i. freizusprechen, muss stärker sein als der Wille der Gegner, mich ἀδίκως zu vernichten.“ Mit der besonderen Form des Gedankens verträgt sich aber nicht ἀεὶ (γίγνεσθαι ἀεὶ N, ἀεὶ γίγνεσθαι A), das nur eine Berechtigung hätte, wenn jener Satz einen allgemeinen Charakter besäße. Wir haben es sonach mit einer Interpolation zu thun, die wir einem Missverständnisse verdanken und ausscheiden müssen, selbst wenn uns der Vorwurf gemacht werden sollte, dass dadurch die Zahl der bei Antiphon erhaltenen ἀεὶ noch mehr reduciert wird. Denn außer VI 4 = VI 2 bleiben uns nur noch V 50 zwei Stellen übrig, von denen jedoch auch die erste (αὐτὸν ἀεὶ λόγον N) als eine Glosse erklärt werden muss. Vgl. Cobet, Memos. 8, 283.

VI 17 αἰτιῶνται δὲ οὗτοι μὲν ἐκ τούτων ὡς οὗτος ἐκέλευσε (Bait.) πιεῖν τὸν παῖδα τὸ φάρμακον ἢ ἠνάγκασεν ἢ ἔδωκεν· ἐγὼ δ' ἐξ αὐτῶν τούτων ὧν αἰτιῶνται οὗτοι ἀποφανῶ (A) ὅτι οὐκ ἔνοχός εἰμι· codd. Maetzner (a. a. O. 259) ist der Ansicht, dass mit ὡς οὗτος — ἔδωκεν die Worte der Kläger in ihrer ursprünglichen Form vorgeführt werden. Diese Annahme verstößt gegen den sonstigen Gebrauch des οὗτος (vgl. Ignatius a. a. O. 137—138) und des ὡς (vgl. Gölkel, Beitr. z. Synt. des Verb. Passau, 1882, 41). Auch kann man Antiph. nicht eine solche Härte im Ausdrucke zumuthen, wie sie in der verschiedenen Bedeutung der unmittelbar aufeinander folgenden Pronomina οὗτοι und οὗτος gelegen ist. Dass die Überlieferung an unserer Stelle verderbt ist, wird wohl seit Sauppe (vgl. Symbol. S. 5) allgemein zugestanden, über die Verbesserung ist man noch nicht einig geworden. Sauppe ist, so scheint es mir, nicht nur in der Erkenntnis des Gedankens, sondern auch in der Reconstruction der Überlieferung der Wahrheit am nächsten gekommen. Er liest ὡς αἴτιος, ὅς. Mich nimmt es Wunder, dass Sauppe die Wiederholung des tiefer stehenden εἴ φασιν ἀδικεῖν — ἐγὼ οὐκ ἀδικῶ nicht beachtet und nicht bedacht hat, dass das erst an dritter Stelle gesetzte αἴτιον εἶναι, ἐγὼ οὐκ αἴτιος nur eine Änderung im Ausdrucke bezwecken soll.

Fuhr (οὗτος ἔνοχος ὅς, animadv. in or. Att. 1877, 29), Jernstedt (οὗτος ἔνοχός ἐστι τῷ φόνῳ, ὅς) und Blass (ὡς ἔνοχός ἐστι τῷ φόνῳ, εἴ τις; vgl. Herwerden Ant. or. tr.) haben wiederum die Antithese ὅτι οὐκ ἔνοχός εἰμι vor Augen gehabt, dabei aber übersehen, dass in der folgenden Periode καὶ εἴ φασιν ἀδικεῖν, εἴ τις ἐκέλευσεν u. s. w. die Worte der Kläger im einzelnen wiederholt und widerlegt werden. Gerade diese Worte geben den Schlüssel zur Wiederherstellung des Textes; denn sie haben die Schreibung αἰτιῶνται δὲ οὗτοι μὲν φάσκοντες ὡς ἀδικεῖ, εἴ τις ἐκέλευσε πιεῖν u. s. w. zur Voraussetzung. Die Nothwendigkeit des ἀδικεῖ folgt auch aus der öfteren Wiederholung dieses Wortes im Laufe der Rede. Vgl. VI 7, 9, 10, 18, 19, 32, 43, 46. Beachtenswert ist insbesondere VI 26 ὁ τὴν αἰτίαν ἔχων καὶ ἀδικῶν, ὡς οὗτοί φασιν — οἱ δ' αἰτιῶνται καὶ φάσκοντες ἀδικεῖσθαι.

Für den ersten Augenblick erscheint die allgemeine Form der αἰτία auffallend, man erwartet ὡς ἀδικῶ ἀναγκάσας πιεῖν τὸν παῖδα τὸ φάρμακον (VI 21). Von diesem Gedanken mag ein unglücklicher Emendator irregeführt worden sein und den ihm vorliegenden Text mit seinem Einfalle verschlechtert haben. Jene Schlussfolgerung ergibt sich jedoch aus der vor den Thesmotheten beschworenen Klage (VI 16 u. 21) und der allgemeinen Voraussetzung, ὡς ἀδικεῖ, εἴ τις ἐκέλευσε πιεῖν — ἔδωκεν.

Der Redner weist zunächst die Klage der Gegner im allgemeinen zurück, mit καὶ εἴ φασιν — ἔδωκα thut er dies im besonderen, indem er den hypothetisch-disjunctiven Obersatz (ὡς ἀδικεῖ — ἔδωκεν) in ebensoviele einfache hypothetische Urtheile zerlegt, als die Disjunction im Vordersatze jener Praemisse Glieder enthält.

Alle Anzeichen sprechen auch dafür, dass auch ὅτι οὐκ ἔνοχός εἰμι nicht fehlerfrei ist. Der absolute Gebrauch von ἔνοχος ist nur IV α 1 mit Recht verbürgt; es hat an dieser Stelle die Geltung eines Substantivums. Sonst findet es sich adjectivisch in prädiativer Stellung mit angeschlossenem Objecte. Vgl. IV α 4, 6, β 3, 7, δ 9; I 11; V 9, 85, 87; VI 4, 5, 46.

V 87 und VI 17 weichen anscheinend von dieser Regel ab.
V 87 ist τῷ ἔργῳ entweder ausgefallen oder doch dem Sinne gemäß
aus dem vorausgehenden und folgenden Satze leicht zu ergänzen.
Anders verhält es sich VI 17. Wir vermissen τῷ ἔργῳ oder τῷ
φόνῳ; vgl. VI 46. Die allgemeine Construction erheischt einen
Dativ. Dieser Casus ist auch VI 46 nach Graffunders Vorschlag
(a. a. O. 80) wiederhergestellt worden. Vgl. dagegen Ad. Bohlmann,
Antiphontea 1872, 32—33.

VI 35 καὶ αὐτοῖς ἐκ μὲν τῶν πεπραγμένων οὐδεμία ἦν ἐλπὶς
ἀποφεύξεσθαι — τοιαῦτα ἄρ᾽ ἦν τὰ ἠδικημένα — πείσαντες δὲ τούτους
ἀπογράψεσθαι ... ἡγήσαντο ... ἁπάντων. codd.
Baiter will ἄρ᾽ in γὰρ umgewandelt und Hartman (a. a. O. 28)
sogar gestrichen haben. Weder das eine noch das andere ist statthaft. Der Fehler liegt in τοιαῦτα. Bestehen τὰ ἠδικημένα in dem
Unterschleife des Aristion und seiner Genossen — eine Deutung,
die bisher üblich gewesen zu sein scheint —, so hängt doch ihre
Verurtheilung nicht von dem Grade und der Art der Veruntreuung
ab, da hierzu nur der Nachweis erforderlich ist, dass überhaupt ein
derartiger Betrug stattgefunden hat. τὰ ἠδικημένα ist nicht mit
dem vorausgehenden τῶν πεπραγμένων zu identificieren. Vgl. Ignatius
a. a. O. 73. Die Bedeutung des zweiten Wortes wird ersichtlich,
wenn wir ἐκ μὲν τῶν πεπραγμένων οὐδεμία ἦν ἐλπὶς ἀποφεύξεσθαι
mit dem am Schlusse dieses Paragraphen stehenden ταύτην σφίσιν
ἔσεσθαι σωτηρίαν καὶ ἀπαλλαγὴν τῶν πραγμάτων ἁπάντων vergleichen.
τῶν πεπραγμένων wird dem Ausdrucke τῶν πραγμάτων ἁπάντων
gleichgestellt und hat, wie die Parallelstelle II α 7 ἤλπιζέ τε τάδε
μὲν δράσας ... ἀποφεύξεσθαι τὴν γραφήν lehrt, die Bedeutung
von γραφή.
   Was soll also die Parenthese und welcher Art sind τὰ
ἠδικημένα?
   VI 22—33 hören wir. dass das Verhalten der Kläger mit
ihrer Klage im Widerspruche steht, da sie der πρόκλησις des
Redners nicht nachgekommen sind, und dass sie dadurch selbst
den Choregen von dem ihm zur Last gelegten Verbrechen freigesprochen haben. Was konnte Philokrates, der noch bis zur Be-
erdigung des Knaben mit dem Sprecher friedlich verkehrte (34),
zu jenem schweren Vorwurfe bewogen haben, wenn dies nicht der
Tod des Bruders gewesen ist? Diese Frage mussten die Richter
und Zuhörer aufwerfen.
   Der Redner kommt ihr § 34 mit der Hypophora τίνες οὖν
ἦσαν οἱ πείσαντες αὐτούς; καὶ τίνος ἕνεκα [καὶ] πρόθυμοι ἐγένοντο
πεῖσαι [αὐτούς]; zuvor. Die Eisangelie war es, so lautet die Antwort, mit welcher der Redner den Aristion und Genossen vor dem
Rathe des Unterschleifes beschuldigt hatte, und die Überzeugung
der Angeklagten, dass sie der Verurtheilung nicht entgehen können.
Dies war die Ursache, welche jene furchtbare Anklage gegen den
Choregen im Gefolge hatte, und dies das Verbrechen, sagt er
mit Hohn, dessen er sich schuldig gemacht hatte. Aus dem Gesagten geht zur Genüge hervor, dass an ἄρ᾽ nicht gerüttelt werden
darf. Der Redner gibt uns in der Parenthese die gewünschte Ant-

wort auf den zweiten Theil der oben genannten Hypophora (τίνος ἕνεκα. . .πεῖσαι), jedoch nicht ohne in der Auswahl des Ausdruckes (τὰ ἠδικημένα) dem Philokrates einen Seitenhieb zu versetzen. Dagegen ist τοιαῦτα nicht haltbar.

Antiphon schrieb ταῦτα ἆρ' ἦν τὰ ἠδικημένα. Der Gegensatz zwischen καὶ αὐτοῖς ἐκ μὲν τῶν πεπραγμένων und πείσαντες δὲ τούτους . . . ist nur ein äußerlicher. Der zweite Theil der antithetisch gebauten Periode enthält die Folge aus den vorausgegangenen Bedingungen.

VI 36 ἐκεῖνοί τε ἐμοῦ τοῦ εἰσαγγείλαντος καὶ ἐπισταμένου τὰ πράγματα μὴ ἐπεξιόντος ῥᾳδίως ἔμελλον ἀποφεύξεσθαι codd.

Die Aneinanderreihung der beiden Participialausdrücke ἐμοῦ τοῦ εἰσαγγείλανους und ἐπισταμένου τὰ πράγματα will mir nicht recht gefallen. Für sich genommen hat ἐπισταμένου keinen Sinn. Die Verbindung mit τὰ πράγματα ist aber bedenklich. Sind nämlich τὰ πράγματα der Unterschleif, welcher die εἰσαγγελία nach sich führte, dann erregt die ausdrückliche Bemerkung, dass dem Kläger die Veruntreuung nicht unbekannt war, an unserer Stelle Befremden, weil dies eine selbstverständliche Voraussetzung ist, ohne welche die Klage gar keinen Sinn gehabt hätte. VI 14, 22 konnte etwas derartiges wohl von den Zeugen gesagt werden; hier ist eine solche Bemerkung zwecklos, wenn sie nicht einfältig genannt werden soll.

καὶ ἐπισταμένου τὰ πράγματα ist eine Randbemerkung und aus Versehen oder Unwissenheit in den Text gerathen.

Zu dem absoluten ἐπεξιόντος vgl. II α 7. τὰ πράγματα könnte vielleicht als Object von ἐπεξιόντος noch gerettet werden. Vgl. I 11 oder die analoge Construction des Verbums ἐπεξέρχεσθαι I 6; II α 2: IV γ 6; VI 49. Zu V 48 vgl. Maetzner a. a. O. 221, 128 und Hartman a. a. O. 15.

VI 44 οὐδ' αὐτῷ (N, A) ἐνταῦθα ἀπεγράψαντο codd.

Bekker schreibt an Stelle des unverständlichen αὐτῷ — αὖ, Blass αὖ πω, beide trotz des vorausgehenden αὖθις; Pahle (a. a. O. 12) conjiciert αὐτοῦ. Dem Gedanken genügt einfach οὐδ' ἐνταῦθα ἀπεγράψαντο. Vgl. das einige Zeilen höher stehende ἀπεγράφοντο οὐδεμιᾷ.

„Auch da nicht, d. i. mit Beginn des Metageitnion brachten sie die Klage ein, sondern ließen auch von diesem Monate einige Tage verstreichen.“

VI 48 ἱκανὰ ἦν καὶ αὐτὰ ταῦτα ἀκούσαντας ἀποψηφίσασθαι καὶ τούτους νομίζειν ἐπιορκοτάτους καὶ ἀνοσιωτάτους πάντων ἀνθρώπων. codd.

ἀκούσαντας verlangt ein Beziehungswort und ἀποψηφίσασθαι ein Object. Bis auf V 81 und VI 10 führt dieses Verbum überall den Genetiv mit sich. Vgl. V 90, 96 zweim.; VI 14, 33.

Der Gegensatz zu τούτους νομίζειν ἐπιορκοτάτους u. s. w. sagt uns, welcher Art dieses Object, und der Charakter der Rede, welcher Art das Beziehungswort sein muss. Reiske glaubt in πείθειν ὑμᾶς ἐμοῦ die vermissten Worte gefunden zu haben. Ihm schwebte VI 14 vor Augen. Wir würden nach Analogie von II γ 3, 7: I 15 dem Infin. Aor. πεῖσαι den Vorzug einräumen. In jedem Falle müsste αὐτὰ ταῦτα auch als Object beim Particip. ἀκούσαντας gedacht werden. Maetzner vermuthet ὥστε ὑμᾶς ἀκούσαντας, Jernstedt ἀποψηφίσασθαί μου; beide sind den oben ausgesprochenen Forderungen nur zur Hälfte gerecht worden. ἱκανὰ ἦν ist wie III δ 8 und VI 46 unpersönlich construiert. Vgl. Ignatius a. a. O. 76. Aus den Theilen der Protasis εἰ μηδὲν ἄλλο μήτε εἶπον und ἀλλὰ ⟨αὐτὰ⟩ ταῦτα ὑμῖν ἀπέδειξα geht deutlich hervor, dass die Worte ταῦτα und ἀκούσαντας als correspondierender Theil der Apodosis zusammengehören, die auch äußerlich nicht von einander getrennt werden können, ohne den Gedanken abzuschwächen. Wir schreiben unter Bezugnahme auf VI 33 und III δ 8: ἱκανὰ ἦν ὑμῖν ταῦτα ἀκούσαντας ἀποψηφίσασθαι ⟨ἐμοῦ⟩ καὶ τούτους... ἀνθρώπων.

„Es würde auch genügen, dies gehört zu haben, um mich freizusprechen und diese da für die meineidigsten und ruchlosesten Menschen auf Gottes Erdboden zu halten.“

αὐτὰ ist überflüssig, ja die Nebeneinanderstellung von ἱκανὰ ἦν und αὐτὰ ταῦτα ἀκούσαντας missfällt, nachdem der Gedanke hinreichend durch ἱκανὰ ἦν ὑμῖν ταῦτα ἀκούσαντας eingeschränkt erscheint. Wozu noch die ausdrückliche Hervorhebung des Gehörten mit αὐτὰ?

Dagegen ist in der gegenüberstehenden Stelle ἀλλὰ ⟨αὐτὰ⟩ ταῦτα ὑμῖν ἀπέδειξα die Einschaltung des αὐτὰ (Blass) wohl begründet. Vgl. V 11 μὴ ἄλλα κατηγορήσειν ἐμοῦ ἢ εἰς αὐτὸν τὸν φόνον; ibid. ἡλισκπράγματι ἄλλῳ ἢ αὐτῷ τῷ ὅμην; vgl. V 38. Wir haben die Verquickung zweier Constructionen vor uns, hervorgerufen durch die Verbindung der zwei vorangehenden Gedanken εἰ μηδὲν ἄλλο μήτε εἶπον μήτε ἀπέφηνα und μήτε μάρτυρας παρεσχόμην. Diese beiden Constructionen sind εἰ μηδὲν ἄλλο μήτε εἶπον μήτε ἀπέφηνα ἢ αὐτὰ ταῦτα und εἰ μὴ μάρτυρας παρεσχόμην, ἀλλὰ ὑμῖν ἀπέδειξα.

Alle anderen Conjecturen sind hinfällig. Vgl. Reiske ταῦτα μόνον (vgl. Hartman a. a. O. 30 und Herwerden, Ant. or. ed.) und A. Bohlmann τοσαῦτα (a. a. O. 33).

Schulnachrichten 1899/1900.

I. Personal der Anstalt.

A. Veränderungen im Lehrpersonale.

Am Schlusse des Schuljahres 1898/99 schieden aus dem Lehrkörper infolge der Ernennung zu Lehrern die Supplenten Dr. Karl Partisch, Emil W. Schreiber und Dr. Friedrich Gatscha. An ihre Stelle wurden Dr. Karl Hofbauer, Victor Püttner und Anton Maier mittels Erlasses des k. k. n.-ö. L. S. R. vom 13. October 1899, Z. 11450, als Supplenten bestellt. Regierungsrath Prof. Gustav Edler v. Hayek wurde unter Anerkennung der vieljährigen, treuen Dienste mit Ende September in den bleibenden Ruhestand versetzt. Sein Nachfolger Prof. Dr. Thomas Hanausek wurde mit Decret vom 7. October 1899, Z. 27292, ernannt. Neu trat ferner in den Lehrkörper ein Prof. Rudolf Maxa an Stelle des zum Director von Oberhollabrunn ernannten Schulrathes Prof. Chr. Jänicke. Prof. Josef Chodniček erhielt mittels Erlasses des L. S. R. vom 5. September 1899, Z. 10271, bis April 1900 Urlaub, wurde aber auf eigenes Ansuchen mit Ende Februar in den bleibenden Ruhestand versetzt. Prof. Chodniček erwarb sich als Lehrer durch seine vieljährige segensreiche Thätigkeit und als Verwalter der Schülerlade der Anstalt unvergängliche Verdienste, die durch Verleihung des Titels eines Schulrathes anerkannt wurden. Seine Stelle vertritt der mit Erlass des k. k. n.-ö. L. S. R. vom 13. October 1899, Z. 11450, bestellte Supplent Josef Scheiner. Endlich war mit Erlass des k. k. L. S. R. vom 5. Juli 1899, Z. 7823, Prof. Dr. Karl Wessely für das ganze Schuljahr 1899/1900 beurlaubt.

B. Personalstand am Schlusse des Schuljahres.

I. Lehrpersonal.

a) *Für die obligaten Fächer.* ·

1. Dir. Josef Zycha, VI. Rgcl., Latein in VIII, wöchentlich 5 Stunden.

2. Prof. Stephan Draczinski, VIII. Rangsclasse, Ordinarius der IV.a, Latein in IVa, Griechisch in IVa und IVb, wöchentlich 14 Stunden.

3. Prof. Anton Filipský, VIII. Rangsclasse, Ordinarius der IIIa, Latein in IIIa, Griechisch in IIIa und VIII, wöchentlich 16 Stunden.

4. Religionslehrer David Graubart, mosaische Religionslehre in 4 Abtheilungen, wöchentlich 8 Stunden.

5. Prof. Dr. Thomas F. Hanausek, VIII. Rangsclasse, Custos des naturhistorischen Cabinets, Naturwissenschaft in Iab, IIab, IIIab, V, VI, wöchentlich 16 Stunden.